W0212465

Peter Cornelius Mayer-Tasch

Vom großen und vom kleinen Glück

HERDER

FREIBURG · BASEL · WIEN

Der Autor
Der Rechts-, Politik- und Kulturwissenschaftler Prof. Dr. Peter Cornelius Mayer-Tasch ist seit 1971 Professor für Politikwissenschaft und Rechtstheorie an der LMU München. Von 2002 bis 2010 war er Rektor der Münchner Hochschule für Politik. Er ist Autor zahlreicher Bücher – zuletzt *Die Buchstaben der Philosophie* (2017) und *Kleine Philosophie der Macht* (2018) – und betreibt in Schondorf am Ammersee eine philosophische Privatpraxis.

© Verlag Herder GmbH, Freiburg im Breisgau 2019
Alle Rechte vorbehalten
www.herder.de
Umschlaggestaltung: Chris Langohr Design
Umschlagmotiv: © tatianazaets / iStock / GettyImages
Satz: wunderlichundweigand, Stefan Weigand

FSC www.fsc.org MIX Papier aus verantwortungsvollen Quellen FSC® C005833

Herstellung: Těšínská Tiskárna, a.s.
Printed in Czech Republic
ISBN 978-3-451-60080-7

Für Christina
(weil es ihr gefällt)

Inhalt

Vorwort

Den Traum vom Glück, verstanden als Inbegriff all dessen, was man sich je und je wünschen oder wissen kann, dürften die Menschen in dieser oder jener Weise schon immer geträumt haben. Auffällig aber ist, dass gerade in den Regionen der Erde, in denen vielen Menschen mehr sogenannte Glücksgüter zugänglich sind als irgendwo sonst und je zuvor – in den westlich geprägten Wohlstandsländern also –, besonders und erstaunlich oft über Glück und die Wege zum Glück nachgedacht, gesprochen und geschrieben wird. Ein Paradoxon dies, das zu denken gibt: Dort wo offenkundige Not herrscht, wo es am täglichen Brot, an Wasser, an einer menschenwürdigen Unterkunft, ärztlicher Versorgung oder auch nur an einem Rückzugsort mangelt, auf den keine Bomben fallen, gibt es kurze Wege zum Glück. Dort aber, wo an alldem kein oder doch nur ein vergleichsweise geringer Mangel herrscht, verlängern sich diese Wege oder verlieren sich gar im Nirgendwo. Nicht zuletzt diesem Paradoxon nachzuspüren hat sich der Autor mit diesem Buch vom großen und vom kleinen Glück zur Aufgabe gemacht.

München, im Winter 2018/19

Peter Cornelius Mayer-Tasch

Prolog: Glück – was heißt das eigentlich?

So licht uns der Begriff »Glück« auch anmuten mag, so dunkel ist seine Herkunft. Verbreitet hat er sich im deutschen Sprachraum seit dem 12. Jahrhundert. Und aufgetaucht ist er zuerst im nordwestdeutschen beziehungsweise niederländischen Sprachraum als *ghelucke* oder *gelucke*. Im Mittelhochdeutschen schleift er sich dann zum *gelücke* ab. Mit keinem anderen germanischen Wortstamm lässt er sich in Verbindung bringen. Der ihm ab dieser Frühzeit seiner Ausbreitung im deutschen Sprachraum zugeordneten Bedeutung entsprach im Altgermanischen, aber auch noch im Althochdeutschen und im Mittelhochdeutschen der Begriff des *Heils*. Wer »heil« war, konnte zufrieden sein, war alles in allem gesund und glücklich und wurde deshalb auch von seiner Mitwelt so wahrgenommen. Wem als Stammesführer das »Königsheil« eignete, der hatte auch das Zeug dazu, seine Gefolgschaft und sein Volk vor Un-Heil zu bewahren und günstigen Zeiten entgegenzuführen.

Wenn ihm dieses Königsheil jedoch aufgrund von tyrannischem Gebaren, verlorenen Schlachten, Intrigen, Rebellionen oder auch Naturkatastrophen, denen er nichts entgegenzusetzen hatte, verloren ging, so musste er mit dem Verlust seiner Gefolgschaft rechnen – ganz so, wie dies etwa auch heutigen Parteivorsitzenden nach verlorenen Wahlen oder folgenschweren Fehlentscheidungen droht.

Während der Begriff des Heils aber unter dem Einfluss des einen intensiven »Heiligen«-Kult pflegenden Christentums mehr und mehr in den sakralen und spirituellen Bereich (dem er wohl ursprünglich auch entlehnt war) abgedrängt wurde, nahm der Glücksbegriff in zunehmendem Maße dessen säkularen Bedeutungsraum ein. Und dies nicht zuletzt auch im Hinblick auf zumindest *einen* Quellort des Glücks – dem günstigen »Zu-fall« nämlich, der Schicksalsfügung. Wer vom Schicksal – vielleicht schon von Geburt an durch vorteilhafte Erbanlagen und/oder Familienverhältnisse – gesegnet wurde, war ein »Glückskind«, wem das Schicksal unversehens eine übergroße Gabe in den Schoß fallen ließ, gar ein »Glückspilz«. Wem das Gegenteil widerfuhr, der kam in den Ruf, ein »Pechvogel« zu sein, kein lichtes, sondern eben ein dunkles Schicksal zu erfahren. Und schnell taucht dann stets auch die Frage auf, was die »Pechmarie« des Märchens zur Pechmarie und die »Goldmarie« zur Goldmarie werden ließ – eine Frage, von der noch ausführlich die Rede sein wird.

Dessen jedenfalls, dass die – in der römischen Antike durch die Schicksalsgöttin Fortuna verkörperten – »Wechselfälle des Lebens« die Sterblichen hoch steigen, aber auch tief fallen lassen konnten, war man sich nur allzu bewusst. Aus dem ihr ikonografisch zugeordneten Füllhorn konnten reiche Gaben regnen; es konnte sich aber auch als wahre »Büchse« (im Hesiod'schen Urtext heißt es »Pinthos« = Krug) der Pandora erweisen, aus der zahllose Übel quellen. In der mittelalterlichen Transfiguration der hehren Dame zum – hoffnungsvoll immer noch »Glücksrad« genannten – Schicksalsrad kommt dann aber unmissverständlich zum Ausdruck, dass die Schicksalsgöttin auch ganz andere Saiten aufziehen kann: »Oh fortuna, velut luna – semper crescis aut decrescis, statu variabile« (»Oh Fortuna, wie der Mond bald wachsend, bald schrumpfend bist du von wechselhafter Gestalt«), heißt es in den 1805 in der Bibliothek des oberbayerischen Klosters Benediktbeuren aufgefundenen, von Carl Orff vertonten *Carmina Burana*, einer Sammlung von 254 Vagantenliedern aus dem 12. und 13. Jahrhundert. Sich mit Fortuna zu verbünden oder sie sich gar mittels einer alle potenziellen Widrigkeiten überragenden eigenen *virtù* (einer Kombination von Charisma und Tüchtigkeit) dienstbar zu machen, wie Niccolò Machiavelli es seinem *Principe* empfahl, war und ist das Traumziel wenn nicht aller, so doch zahlloser Menschen. Der Inhalt und das Ausmaß ihrer Glücksvorstellungen konnten und können stark variieren: Es mögen materielle oder spirituelle Glücksziele sein, auf die sich die Sehnsucht der Glückssucher richtet, klar umrissene oder nur vage angepeilte, ihrer Lebenssituation angemessene oder vermessene – der Fächer des Erfahrbaren und Denkbaren öffnet sich weit. Je nach sozialem Standort und geistig-seelischem Format der Betroffenen mögen es »große« oder »kleine« Glücke sein, die angestrebt werden, oder vielleicht auch das (wie auch immer verstandene) »ganz große« Glück.

Etwas zu erstreben freilich ist *ein* Ding. Es dann auch zu erreichen, ein ganz ander Ding. Vorwiegend auf der Sonnenseite des Lebens flanierende »Sonntagskinder«, denen im Sinne des platonischen Mythos von den drei Metallen Gold in die Wiege gelegt wurde und denen mithin eine besondere Affinität zu »Glücksgütern« und »Glückstreffern« zu eignen scheint, sind jedenfalls viel bestaunte Raritäten. Die überwältigende Mehrzahl der menschlichen Erdenbewohner lebt wohl eher in dem Bewusstsein, sich das jeweils als glückhaft Empfundene und Erstrebte in hartem Ringen mit wem auch immer (und nicht zuletzt mit sich selbst) erkämpfen oder auch mittels magischer Heilsbringer herbeilocken und an sich binden[1] zu müssen. Und so ist denn auch die Frage nach den verschiedenen Glückszielen nicht nur untrennbar mit der Dialektik von Schein und Sein verbunden, sondern vor allem auch mit dem Blick auf die Art und Weise der Glückssuche selbst. So manchem Beobachter der menschlichen Natur erschließen diese beiden Dimensionen der Glücksfrage den Zugang zum verwinkelten Weg in die Herzkammer individuellen und kollektiven Glückes.

江戸の不二

I.
Die Hoffnung auf das »große Glück«

Als höchstes Ziel der Staatskunst verstanden wissen wollte Jeremy Bentham (1748–1832), der Begründer des Utilitarismus, das größtmögliche Glück der größtmöglichen Zahl. Als Kind der Aufklärung war er – zumindest im Ergebnis – bemüht, den aufklärerischen Individualismus der Neuzeit mit dem humanistischen Universalismus der abendländischen Antike zu versöhnen. Nicht zuletzt unter dem Einfluss solchen Gedankengutes wurde in dem Grunddokument der Amerikanischen Revolution, der Unabhängigkeitserklärung vom 4. Juli 1776, das Streben nach Glück (*pursuit of happiness*) zum allgemeinen Menschenrecht erklärt. Und unter ganz anderen – später noch zu beleuchtenden – Vorzeichen wurde circa 200 Jahre später (1972) in dem Himalaya-Staat Bhutan von dessen damaligem König Jigme Singye Wangchuk der Begriff des »Bruttonationalglücks« geprägt. Im Jahre 2008 wurde dieser Begriff dann sogar in Artikel 9 Absatz 2 der Staatsverfassung von Bhutan zum offiziellen Staatsziel erklärt. In der indischen Hauptstadtregion Delhi wird »Glück« seit 2018 an allen öffentlichen Schulen von der Vorschule bis zur achten Klasse als Lehr- und Lernfach in den

Lehrplan aufgenommen. *Spiritus Rector* dieses Projektes war der im indischen Exil lebende Dalai Lama, der im Frühsommer 2018 den Lehrplan vorstellte. Danach soll in täglichen 45-minütigen Einheiten über das Thema meditiert und diskutiert werden. Im tirolerischen St. Johann wurde vom Tourismusverband eine »Glücks-Akademie« gegründet, in der Gastgeber nach dem Motto »Glückliche Gastgeber – Glückliche Gäste« in Sachen Glück geschult werden sollen. Im Londoner Stadtteil Camden wurde gar (als weltweit einziges seiner Art) ein »Museum des Glücks« eröffnet, in das sich Menschen aus der Hektik der Großstadt zurückziehen und bei sanfter Musik im Kreativitätsraum spielerisch entspannen können. Kurzum: Das Thema Glück hat Konjunktur.

Die Glückseligkeit (*Eudaimonia* galt schon dem – zumindest auch – vom Ganzen her argumentierenden Platon-Schüler Aristoteles von Stageira (384–322 v. Chr.) als höchstes kollektives und individuelles Lebensziel.[2] Diese *ultima ratio* durch eine an Tugend und Gerechtigkeit orientierte, Entscheidungs- und Partizipationsformen klug austarierende Staatsverfassung abzusichern war sein – in der *Nikomachischen Ethik* und der *Politik* zum Ausdruck kommendes – Bemühen. Ein Ziel dies, um dessen Verwirklichung durch die Jahrhunderte hindurch zahllose Theologen, Philosophen, Juristen und Politiker bemüht waren und um das auch heute noch weltweit in den unterschiedlichsten Formen (und oft genug »glücklos«) gerungen wird. Dass bei diesem Ringen sehr unterschiedliche Vorstellungen entwickelt und verwirklicht wurden, ist ebenfalls weltweit und täglich erfahrbare Realität. Neben politischen Systemen, die das Glück der unter ihrem Schutz und Schirm Lebenden stärker im Zeichen der Bindung an das Kollektiv sehen, stehen andere, die es stärker im Zeichen der individuellen Selbstverwirklichung sehen. Ständig erfahrbar ist auch, dass sich Perioden vergleichsweise stabilen Bemühens um solche Staatsziele schleichend oder auch unversehens durch sozioökonomische und soziopolitische Ein- und Umbrüche verändern können. Mit solchen Veränderungen verändern sich dann auch Inhalt und Wertigkeit der Vorstellung vom individuellen und kollektiven Glück, die dann im Extremfall auf das Glück des bloßen (im Hinblick auf das Individuum) physischen oder (im Hinblick auf das Kollektiv) politischen Überlebens reduziert wird. Das Horaz-Zitat »Dulce et decorum est pro patria mori« (»Süß und ehrenvoll ist es, für das Vaterland zu sterben«), das Münchner Studenten noch in den 50er-Jahren des vergangenen Jahrhunderts auf einer Wandinschrift im Lichthof der Münchner Ludwig-Maximilians-Universität lesen konnten, dürfte heutzutage und hierzulande jenseits des verlorenen Haufens geistig fehlgeleiteter Selbstmordattentäter kaum mehr Zustimmung finden. Deren »Vaterland« (und Glücksziel) freilich liegt jenseits der Wolken.

Wenn hier und im Folgenden von der Hoffnung auf das »große Glück« die Rede ist, so kann dies zumindest aus abendländischer Perspektive nur unter den kollektiven Rahmenbedingungen einer freiheitlich-demokratischen politischen Grundordnung geschehen, in deren Rahmen dem individuellen Glücksverlangen der Einzelnen nichts in den Weg gelegt wird, solange es sich innerhalb der Grenzen dieser Staats- und Rechtsordnung bewegt – einer Staats- und Rechtsordnung, deren Verwirklichung nach den schmerzlichen Erfahrungen mit totalitären Staatssystemen unterschiedlichster Färbung auf europäischem Boden zumindest von geschichtsbewussten Europäern als »großes Glück« empfunden wird oder doch empfunden werden sollte. Als großes kollektives Glück empfunden werden sollte diese Entwicklung stets aufs Neue, weil der durch so viele leidvolle Erfahrungen erkaufte Friedens- und Freiheitsraum es für die Europäer überhaupt erst möglich macht, den irdischen Traum vom großen Glück mit einer – wenn auch zumeist nur sehr begrenzten – Verwirklichungschance zu träumen. In dem vom deutschen Bundespräsidenten, dem Bundeskanzler und den Bundesministern beim Amtsantritt abzulegenden Eid haben sich die obersten Repräsentanten des Staates auf die Förderung dieses kollektiven Glücks zu verpflichten. In Erfüllung der Gesetze – so der Wortlaut der Artikel 56/64 des Grundgesetzes – haben sie ihre »Kraft dem Wohle des deutschen Volkes [zu] widmen, seinen Nutzen zu mehren« und »Schaden von ihm [zu] wenden«.

Im Lichtkreis dieses (freilich wie seit eh und je stets aufs Neue zu sichernden) Gemeinwohls verengt sich das Bild vom breiten Strom des kollektiven Glücks zu den schmalen Flüssen und Bächen individueller Glücksvorstellungen. Wenn man von Floskeln wie dem »großen Glück«, trotz Eisesglätte und Ledersohlen nicht ausgerutscht zu sein, gerade noch diesen oder jenen Zug erreicht oder dieses oder jenes Opern- oder Theaterticket ergattert zu haben, absieht und den Blick auf jene Ziele wendet, die gemeinhin unter diesem Etikett firmieren, so sind es vor allem die Vorstellungen von individueller Lebenshöhe, die ins Blickfeld rücken: Nahezu stets kreisen die Träume vom großen Glück um beruflichen Aufstieg, materiellen Reichtum und nicht zuletzt auch Liebes- und Familienglück – und all diese Glücksgüter möglichst noch in holder Dreisamkeit vereint. Auch Gesundheit als großes Glück zu empfinden setzt zumeist die schmerzliche Erfahrung ernsthafter Erkrankung am eigenen Leibe oder im engeren Familien- und Freundeskreis voraus. Nur allzu oft freilich wird Gesundheit – zumindest in der Jugend und im mittleren Alter – als mehr oder minder selbstverständliche Mitgift der Natur hingenommen.

Im Lotto zu spielen und dabei den millionenschweren Jackpot zu knacken, sich als ebenso heiratslustige wie aufstiegsversessene Dame einen »Traumprinzen« zu erobern oder den sprichwörtlichen »Millionär zu angeln«, auf der Karriereleiter eine soziale, kulturelle oder politische Spitzenposition zu erklimmen – all dies verbindet man gemeinhin mit der Vorstellung vom großen Glück. Und wer weniger materiell als emotional (und vielleicht auch romantisch) veranlagt ist, wird insbesondere die ebenfalls sprichwörtliche »große Liebe« und eine aus ihr hervorgehende »heile Familie« als großes Glück empfinden. »Ich war wohl klug, dass ich dich fand«[3], lautet ein zum Buchtitel erhobenes Zitat aus einem anrührenden Liebesbrief aus der »guten alten Zeit«. Und auch dann, wenn diese Botschaft in ganz anderer Sprachform als Mail auf dem Bildschirm des Laptops oder Smartphones auftauchen würde, wäre das ihm zugrunde liegende Glücksempfinden wohl kaum weniger intensiv – nur formal banaler. Und Ähnliches gilt auch für jegliche Art von Familien- oder Freundschaftsglück. Die Variationsbreite all dieser großen Glücke ist ebenso unübersehbar wie ihre Kombinationsdichte.

Bei aller denkbaren Vielfalt eignet diesen großen Glücken allerdings auch eine bedeutsame Gemeinsamkeit: »Festgemauert in der Erden« (Friedrich Schiller im »Lied von der Glocke«[4]) sind sie allesamt nicht. Durch innere Entwicklungen, äußere Umstände und Schicksalsschläge jedweder Art können sie schleichend oder auch jäh zunichtegemacht werden. Niemand weiß genau, wann, wie oder wo ein sich nach oben bewegendes Schicksalsrad seinen Zenit überschreiten wird – oder bereits überschritten, vielleicht aber auch bei der Abwärtsbewegung die Talsohle überwunden hat. *Semper crescit, aut decrescit* ... Wahlen, Intrigen, Putsche, Attentate oder Aufstände fegen Spitzenpolitiker aus dem Amt, Firmenpleiten drängen Wirtschaftsbosse aus den Chefetagen, Fehlspekulationen lassen im Umgang mit Geld unerfahrene Lotto-Millionäre oder Börsenspekulanten schon bald wieder mit leeren Händen dastehen, Unfälle oder Krankheiten können sicher geglaubtes Liebes- oder Familienglück sprengen. »Unverhofft kommt oft«, weiß ein Sprichwort und meint damit in der Regel eher unwillkommene denn willkommene Schicksalsfügungen. Nicht weniger bedroht als von äußeren Umständen sind die großen Glücke aber auch von inneren Entwicklungen derer, die sie – auf Zeit – erfahren haben. So mag dem Lotto-Millionär die späte Erkenntnis erwachsen, dass »Geld [allein] nicht glücklich« macht. Der von früh bis spät rackernde Verbandspräsident, Vorstandschef oder Spitzenpolitiker mag entdecken, dass ihm die sozialen Kosten seines Aufstiegs über den Kopf wachsen, dass er für all das keine Zeit und Kraft mehr hat, was seinem Leben früher Schönheit, Halt und Wärme gab, dass er sich in einen Zustand des *Burn-out,* des Ausgebrannt-Seins, hineinmanövriert oder an den Rand eines Herzinfarkts gebracht hat. Und die sich zunächst im »siebten Himmel« Wähnenden mögen nach und nach oder auch schon sehr schnell erkennen, dass auch dort der Kaffee mit Wasser gekocht wird – oder gar (mit oft katastrophalen Folgen), dass »auch eine andere Mutter ein schönes Kind hat«. Der zuweilen melancholische, jedoch stets humorvolle Dichter Wilhelm Busch (1832–1908) war es, der in einen seiner zwischen Ironie und Melancholie changierenden Verse die Erkenntnis einfließen ließ, dass »ein jeder Wunsch, erfüllt, augenblicklich

Junge« bekomme.[5] Dies mag nicht allerorten und für jedermann gelten – aber oft genug schon.

Wer bei bedeutenden Philosophen nachfragt, warum dies so ist, wird etwa von Heraklit von Ephesus die sehr allgemein gehaltene Antwort erhalten, dass eben »alles fließt« *(panta rhei)*, dass alle Verhältnisse sich im bildhaften »Fluss des Lebens«, das heißt also, in einer ununterbrochenen Bewegung und Veränderung befinden. Auch der römische Autor Ovid (43 v. Chr.–17 n. Chr.) hebt dieses Erfahrungsgesetz ins Große und Ganze der Zeitlichkeit. Seit dem 16. Jahrhundert kursiert sein Hexameter: »Témpora mútantúr et nós mutámur in illis« (»Die Zeiten ändern sich und wir verändern uns mit ihnen«) als Sprichwort. Der am Ausgang desselben Jahrhunderts geborene Engländer Thomas Hobbes (1588–1679) deutet die Allgemeingültigkeit solcher Feststellungen – zumindest teilweise – aus der Besonderheit der menschlichen Natur. Das von Aristoteles in seiner *Nikomachische[n] Ethik* als moralische Verirrung gerügte ständige Mehr-haben-Wollen (die *pleonexia*) gehört aus Hobbes' Sicht zum anthropologischen Grundsachverhalt. In seinem staatsphilosophischen Hauptwerk, dem *Leviathan* von 1651, erklärt er den ständige Veränderungen und Weiterungen erzwingenden »Hunger nach Macht und abermals Macht, der erst im Tode endet«[6] zum unauslöschlichen Antrieb allen menschlichen Handels und Wandels. Im 9. Kapitel der ersten Fassung dieses Werkes, der *Elements of Law, Natural and Politic (Naturrecht und allgemeines Staatsrecht in den Anfangsgründen)* deutet er das menschliche Leben und Streben nachgerade als Wettlauf und Wettkampf ums Glück. Die Beschreibung menschlicher Gemütszustände gipfelt in der Maxime:

»Stets besiegt werden [ist] Unglück;
Stets den Nächsten vor uns besiegen ist Glück;
Und das Rennen aufgeben heißt Sterben.«[7]

Sollte jeder erfüllte Wunsch in der Busch'schen Diktion deshalb »augenblicklich Junge« *»kriegen«* (wie es im Originaltext heißt), weil man sich diese »Jungen« als stets aufs Neue am Horizont auftauchende Wettkampfziele erringen will und muss, um »glücklich« zu sein? Jedes »Glück« also nur ein Etappenziel? Auf den ersten Blick scheint diese Vorstellung von den etappenweise zu erobernden Glückshorizonten auch einem alten Kernsatz fernöstlicher Weisheit zu entsprechen. Er lautet: »Kein Weg führt zum Glück, Glück ist der Weg« – ein Satz, der im Westen dann zu dem viel zitierten Gemeinspruch »Der Weg ist das Ziel« abgeflacht wurde. Trotz vielfältiger Erfahrungen, die diese Deutung zu bestätigen scheinen, spricht doch auch vieles dagegen, die krude Hobbes'sche Sichtweise mit der wohl sehr viel feinsinnigere Horizonte ansteuernden östlichen Weisheit in eine enge Verbindung zu bringen.

Da sich dem menschlichen Vorstellungsvermögen eine unabsehbare Vielzahl denkbarer Glücksziele eröffnen, wird es zwar in der Regel tatsächlich so sein, dass nach Erreichung eines großen Glücksziels (zum Beispiel einer guten und sicheren beruflichen Position) ein anderes, noch nicht erreichtes (zum Beispiel die Gründung einer Familie) ins Auge gefasst wird, und schließlich wohl auch eine annehmbare Wohnstatt. All dies ist und wäre für jeden »gesunden Menschenverstand« nachvollziehbar, verengt aber das Spektrum des Erfahrbaren in einer gänzlich wirklichkeitsfremden Weise. Zwar ist der Binsenweisheit, dass das Bessere der Feind des Guten ist, schwer zu widersprechen. Und es mag auch in vielfältiger Weise angemessen erscheinen, Verbesserungen der je und je gegenwärtigen – unter anderen Umständen vielleicht einst heiß ersehnten – Lebenssituation anzustreben. Oft genug aber beruht die Vorstellung, dass der (noch) nicht gefangene Fisch der größte und schmackhafteste sei beziehungsweise gewesen wäre (um an eine alte chinesische Volksweisheit zu erinnern), auf nichts anderem als Verblendung. Je nach persönlicher Lebenssituation kann diese Art verblendeter Glückssuche zu katastrophalen menschlichen, wirtschaftlichen, sozialen und unter bestimmten Umständen auch politischen Konsequenzen führen. Das wohl berühmteste historische Beispiel für die zuletzt genannten ist die legendäre Fehlinterpretation der Auskunft des delphischen Orakels an den lydischen König Krösus, er werde durch das Überschreiten des Grenzflusses Halys ein großes Reich zerstören. Krösus fühlte sich durch den Orakelspruch zum Einfall in Persien ermutigt, wurde dann jedoch im Jahre 540 von dem persischen Großkönig Kyrus II. vernichtend geschlagen. In ähnlicher Weise führte die Vorbereitung und Auslösung des 2. Weltkriegs durch den »größten Feldherrn aller Zeiten« zu einer in ihren Auswirkungen noch sehr viel fataleren politischen Katastrophe. Und wenn man auch nur an die fatalen Konsequenzen des – unter teils irrigen und teils vorgetäuschten Umständen vom Zaun gebrochenen – Irak-Krieges der USA und ihrer »Koalition der Willigen« denkt, so gewinnt man ein Beispiel dieser Art aus jüngerer Vergangenheit.

Keineswegs nur, aber eben auch auf die Folgen solcher mehr oder minder dramatischer Verblendungs-Syndrome zielt das Sprichwort »Glück und Glas – wie leicht bricht das!«. Um nimmermüden Glückssuchern just diese Erfahrung zu ersparen, wurde diese geradezu klassische Stolperstelle des Glücks im Laufe der menschlichen Kulturgeschichte von einem weitverzweigten Netzwerk von Warnschildern umstellt. Insofern wuchs tatsächlich potenziell Rettendes, wo potenzielle Not drohte, um Friedrich Hölderlins (1770–1843) tröstliches Diktum zu variieren. Eine Fülle volkstümlicher Fabeln, Märchen, Redewendungen und Sprichwörter, ganz zu schweigen von theologischen Lehrsätzen, philosophischen Abhandlungen und moralisierender Trivialliteratur, bemühen sich, jede Art ungezügelter Glückssuche zu tabuisieren, indem sie deren Konsequenzen in zahllosen Bildfolgen illustrieren. Sie alle mahnen mehr oder minder direkt oder indirekt, auch bei der Glückssuche »Mitte und Maß« – das Leitbild des Humanismus – im Auge zu behalten.[8] Der Erkenntnisschatz aller Kulturen birgt eine solche Fülle funkelnder Weisheitsjuwelen, dass die Menschheit »eigentlich« gegen alle Torheiten der Gier nach immer neuen Fata Morganen der Glückseligkeit gefeit sein müsste. »Eigentlich«, aber eben nicht wirklich. Um zu erkennen, dass die Realität ganz anders ausschaut, braucht man nicht unbedingt das Buch der Geschichte und Geschichten aufzuschlagen. Es genügt, sich in der jeweiligen Gegenwart umzuschauen. Und oft genug auch genügt es, sich zu vergegenwärtigen, welchen Versuchungen man selbst widerstanden (oder auch nicht widerstanden) hat. Wer sich auf den Jahrmarkt der großen Glücksträume begibt, muss bereit sein, Abstriche von seinen Maximalvorstellungen zu machen – und schon gar nicht darf er den in unseren Tagen über die Printmedien, das Fernsehen und das Internet in mannigfacher Form und Überfülle in die Wohnzimmer gespülten »Traumangeboten« trauen, in allzu großer Erwartungsfreude annehmen, dass er sich dabei auf auch nur halbwegs sicherem Grund bewegt.

In einem Land und in einer Zeit der in mancherlei Hinsicht fast unbegrenzt erscheinenden Möglichkeiten, in einer Zeit auch, die vielfach einem fast hemmungslosen *Anything goes* huldigt, lauern auf allzu forsche Glückssucher, die sich dessen nicht voll bewusst sind, mehr Gefahren als jemals zuvor. Ihnen droht dann der mehr oder minder jähe Absturz aus illusionären Höhenflügen in Desillusion und Depression – einer Depression, die (wenn man den Statistiken der Ärzteverbände Glauben schenken kann) auch und gerade in dem weltweit bewunderten Wohlstandsland Deutschland zu einer Art von Volkskrankheit geworden zu sein scheint. Einer Depression freilich, aus der heraus sich für den einen oder anderen auch ein hoffnungsvoller Neuanfang entwickeln kann. »Du merkst erst den rand/wo du gebüßt hast für den Übertritt«, schreibt Stefan George in seinem Gedicht »Der Mensch und der Drud«.[9] Und dass »ein gebranntes Kind das Feuer scheut«, man oft erst »durch Schaden klug« wird, ist in den Tiefen der Volksweisheit fest verankert.

Glückssuchern, die sich dessen – ob nun mit oder ohne schmerzliche Irrgänge im Labyrinth der Glücksträume – bewusst sind, mag dieses Bewusstsein helfen, einen einst oder auch immer wieder als glückhaft empfundenen Zustand beizubehalten und festzuhalten, ihn nicht ohne einen als zwingend empfundenen Grund zugunsten noch so verlockender neuer »großer Glücke« aufzugeben. Dies gilt für eingeschlagene Ausbildungs-, Berufs- und Karrierewege ebenso wie für zwischenmenschliche Beziehungen. Die in mehrfacher Hinsicht ruinösen Folgen immer wieder abgebrochener Ausbildungsgänge und aufgekündigter Anstellungsverhältnisse, ohne Rücksicht auf die eigene finanzielle Leistungsfähigkeit erworbener Mobilien und Immobilien, ohne Not mehrfach eingegangener Ehen oder Liebesbeziehungen markieren solche Stolperstellen des Glücks auf eindringliche Weise. Odysseus mag dank der Gunst Homers und der olympischen Götter nach einer Vielzahl von Irrungen und Wirrungen sein heimatliches Ithaka mit heiler Haut erreicht haben. Eine Vielzahl nach ihm benannter Odysseen jedoch endeten und enden weit weniger glückhaft.

Das Wissen um die Unaufhaltsamkeit, mit der sich das Glücksrad zu drehen scheint, erklärt wohl auch die Skepsis vieler Menschen gegenüber dem Andauern glückhafter Zustände. Wenn sich in Friedrich Schillers Gedicht »Der Ring des Polykrates«[10] »der Gast mit Grausen« wendet, so deshalb, weil er die Brüchigkeit des sich in seinem vermeintlichen Glück sonnenden, »auf seines Daches Zinnen mit vergnügten Sinnen auf das beherrschte Samos« hinblickenden Tyrannen an einem unheilvollen Vorzeichen (wie Historiker wissen: zu Recht) ablesen zu können glaubte. Pearl S. Buck lässt in ihrem Roman *Die gute Erde* (1931) eine glückliche Mutter in einem fernöstlichen Tempel verzweiflungsvoll und tränenreich ihre vorgebliche Misere bejammern, weil sie den Neid der Götter fürchtet, denen es in ihrer Vorstellung ein Leichtes wäre, ihr Glück in Unglück zu verwandeln. In einem merkwürdigen und rätselhaften Zusammenhang zu solchen Verkehrungen steht auch der Umstand, dass zuverlässig prognostizierende uralte Traumsymbole glückhafte Entwicklungen als scheinbar negative Ereignisse verschlüsseln:[11] Wer einen materiellen Gewinn zu erwarten hat, bekommt bei hellsichtiger Veranlagung dies im Traum nicht selten angekündigt, indem er in Kot tritt; wer bei entsprechender Veranlagung im Traum bestohlen wird, kann günstige Geschäfte oder (wenn er einen Dieb sieht) ein Liebesabenteuer erwarten; wer einen Henker sieht, darf auf Rettung aus einer prekären Situation hoffen; wer einen hellen Brand (ohne Rauchentwicklung) sieht, wird im Zweifel eine Freude erleben. Und auch der soziale Brauch, Glückwünsche in eine Unheilsform zu kleiden, dürfte im Lichte solcher esoterischer Erfahrungen zu sehen sein. Wie anders ließe sich sonst erklären, dass man Freunden im deutschen Sprachraum »Hals- und Beinbruch« wünscht, wenn sie sich auf eine gefährliche Reise begeben oder wenn sie sich auf ein unsicheres Unternehmen einlassen. In Italien wünscht man sie gar in den Wolfsrachen *(In bocca al lupo!)*, wenn man Unheil von ihnen wenden will. Und in Frankreich verabschiedet man sie mit einem anrüchigen *Merde!*

Die Einsicht in die Brüchigkeit der Vorstellungen vom »großen Glück« birgt freilich auch die Chance, sich neben und inmitten der – keineswegs von allen, aber eben doch von vielen geträumten Träume vom »großen Glück« auf das sehr viel leichter zu erfahrende »kleine Glück« zu besinnen. Von ihm mag im Folgenden die Rede sein.

盃中の不二

II.
Die Entdeckung des »kleinen Glücks«

Im Blick zurück auf seine Kindheit sieht sich der Autor während der Zeit des dörflichen Bombenasyls seines aus der Großstadt geflüchteten Familienclans bei einer bäuerlichen Hochzeit mit einem Strauß von Kochlöffeln in Händen auf einem Wirtshaus-Stuhl stehen und dem Brautpaar »Glück, Glück, Glück – jeden Tag ein Stück« wünschen. Das Sprüchlein, das man dem Fünfjährigen zu diesem Anlass beigebracht hatte, zielt auf das, was man unter der stets aufs Neue zu unternehmenden Suche und Entdeckung des »kleinen Glücks« verstehen mag, das im Grunde nichts anderes ist als ein Glück in Raten. Wenn von der Entdeckung des »kleinen Glücks« (oder vielleicht besser: der kleinen Glücke) die Rede ist, so ist damit also nicht nur der auf ein Durchschnitts- oder Normalmaß zurückgestutzte Erwartungshorizont derer gemeint, die ihre einstigen Träume vom großen Glück angesichts bitterer Erfahrungen aufgegeben haben, sondern auch noch etwas grundlegend anderes. Dieses grundlegend andere mag nicht zuletzt auf der Vorstellung beruhen, dass der Traum vom großen Glück schon vom Ansatz her illusorisch ist, dass – im Gegensatz zu Calderon de la Barcas Devise *(La vida es sueño)* – das Leben nun mal *kein* Traum ist und man deshalb seine Aufmerksamkeit dem Glück der kleinen Dinge zuwenden müsse. Das »kleine Glück« – so viel scheint gewiss – kann unabhängig davon entdeckt und erfahren werden, ob ein »großes Glück« erstrebt oder nicht erstrebt, erreicht oder nicht erreicht wurde.

Wenn Erhart Kästner in seinem *Zeltbuch von Tumilat*[12] (1974) notiert, dass man Glück »kleinweis wie Honig« sammeln müsse, so mag diese Empfehlung für beide menschliche Seins- und Bewusstseinszustände ihre Richtigkeit haben. Möglicherweise fällt es den schon von ihrem Naturell her mit ihrem Lebenszuschnitt Zufriedenen wie auch den in dem Bewusstsein, ihr »Glück gemacht« zu haben Lebenden und deshalb mit ihrer Lebenshöhe Zufriedenen leichter, auch die kleinen Glücke des Alltags zu genießen, als den im Bewusstsein des Scheiterns ihrer Träume darum Bemühten, wenn nicht Trost, so doch Trösterchen zu suchen und zu finden, sich wenigstens der »Blumen am Wegrand« zu erfreuen. Und solche Blumen am Wegrand gibt es (fast) überall und zu jeder Zeit für einen jeden, der fähig und bereit ist, sie wahrzunehmen und zu schätzen. Wir alle kennen sie, diese »Blumen am Wegrand«. Zuweilen ist es »nur« ein frischer Strauß im Flur oder ein hübsch gedeckter Tisch. Häufig ist es ein »guter Tropfen«, ein leckeres Mahl oder ein schneller Espresso (tiefschwarz und süß ...) gerade zur rechten Zeit. Nach einer Schneewanderung (ein Glück für sich) mag es ein Punsch am Kachelofen sein, was uns Glücksgefühle beschert – nach der herbstlichen Gartenarbeit eine heiße Dusche. Vielleicht erleben wir das »kleine Glück« auch als zuvorkommende Geste im Straßenverkehr, in der U- oder S-Bahn, als unerwartetes Lächeln oder als liebenswürdigen Gruß. Es gibt Menschen, die ihre Brief- oder Paketpost zum Nachbarort bringen, weil sie hinter dem dortigen (im Gegensatz zum »heimischen«) Postschalter nie ein mürrisches Gesicht und stets ein freundliches Wort erwartet. Der Autor spart sich fällige Reparaturen an Schuhen und Aktentaschen für den jährlichen Plausch mit seinem stets gut gelaunten, charmant plaudernden *calzoleio* in einem südlichen Ort am Meer auf, der auch die kompliziertesten Lederarbeiten ohne Murren, kompetent und preiswert erledigt. Schon die Vorfreude auf diese sich seit Jahrzehnten wiederholenden Begegnungen bedeuten ihm ein »kleines Glück«. Erst recht mag dies gelten, wenn es sich um ein Wiedersehen mit einem nahestehenden Menschen handelt. »Bonjour, Papa, das Glück tritt in mein Zimmer«, dichtet der Emigrant Alfred Kerr im Pariser Exil bei einer Rückkehr seiner Tochter[13] – jener Tochter, die später in einem gleichnamigen Buch erzählte, wie *Hitler [ihr] rosa Kaninchen stahl.*[14] Wer noch intensivere Momente »ohnmächtigen Glückes« im Sinn hat, mag auch an jenen Augenblick höchster soma-sematischer Seligkeit für Liebende denken, den man in Frankreich *le petit mort* (den kleinen Tod) zu nennen pflegt. Glücksmomente bescheren können auch unverhoffte Wiederbegegnungen mit alten Freunden oder auch nur Bekannten samt dem dann oft fälligen Austausch von Erinnerungen an gemeinsam Erlebtes. Ähnliches gilt auch für die Wiederbegegnung mit sinnlich erfahrbaren Wonnen der Kindheit – Gerüchen etwa oder kulinarischen Genüssen, vor allem aber auch mit altvertrauten urbanen oder ländlichen Umgebungen. In der Geriatrie hat man festgestellt, dass es Patienten fortgeschrittenen Alters oft erkennbar und messbar sehr viel besser geht, wenn sie sich in Räumen aufhalten können, deren Zuschnitt und Ausstattung dem Milieu ihrer Kindheit und Jugend vergleichbar ist.

Immer wieder aber ist es auch das Erleben der Natur in ihrer wahrhaft atemberaubenden Fülle und Vielheit, die uns unverhofft ins Herz zu leuchten vermag – der Duft einer Damaszener-Rose, das Wunder der Blattknospen des Flieders kurz vor ihrer völligen Entfaltung, die Kirschblüte, das Gold der aus dem spätsommerlichen Laub leuchtenden Quitten, das wärmende Rot des Amberbaumes, das leuchtende des Wilden Weins und das brennende des Zuckerahorns im Umkreis der *Green Mountains* von Vermont und der *White Mountains* von New Hampshire. Zuweilen ist es auch das »kleine Glück« des Helfen-Könnens, wo man das Ergebnis der Hilfe unmittelbar erleben und zugleich auch erfahren kann, dass »geteiltes Glück [tatsächlich] doppeltes Glück« ist, wie ein altes Sprichwort weiß. Ein für jeden leicht herbeizuzauberndes Glücksmoment ist auch die Erinnerung an eine

Gefahr, der man (vielleicht mit knapper Not) entgangen ist, an eine Krankheit, die man »glücklich überwunden« hat, oder die Vorstellung eines Missgeschicks, das einen hätte treffen können, aber eben nicht getroffen hat, oder eines Schmerzes, der einen plagen könnte, aber eben nicht plagt. Ein Rat Letzteres, den der vietnamesische Weise Thich Nhat Hanh seinen Hörern und Lesern einst erteilte. Für ihn, einen Großmeister der Meditation war es offenbar die Absenz von Zahnschmerzen, die ihm Glücksmomente bescherte.

Ebenso wie die Erinnerung an positive Erlebnisse – »Happiness is a thumb and a blanket!« (Glück ist, am Daumen zu lutschen und eine Schmusedecke zu haben!) und »Happiness is to have naturally curly hair!« (Glück ist, Naturlocken zu haben!), lautet die Losung der amerikanischen Glücksfee *Snoopy* – kann mithin auch das Sich-bewusst-Machen der Abwesenheit besonders negativer Zustände Glücksmomente bescheren – und seien sie auch nur Exklaven inmitten einer von Problemwolken verhangenen Periode unseres Lebens.

Das Spektrum der Erlebbarkeit kleiner Glücke ist nahezu grenzenlos. Es ist nahezu grenzenlos, weil ebenso wie »die Schönheit im Auge des Betrachters« liegt, auch die Erlebbarkeit der kleinen Glücke ausschließlich von der Wahrnehmungsfähigkeit und der Wahrnehmungsbereitschaft der sie Erfahrenden oder eben nicht Erfahrenden abhängt. Wer beim Anblick eines Pferdeapfels oder einer Rehlosung an die anmutigen Tiere denkt, von denen sie stammen, und nicht an eine ärgerliche Straßen- oder Wegverschmutzung, wer sich freut, dass das Glas noch halb voll und nicht schon halb leer ist (um eine gängige Chiffre zu gebrauchen), hat unverkennbar bessere Chancen, den Reichtum der allerorten und jederzeit neu aufblühenden kleinen Glücke zu ernten. Ähnliches gilt auch für Menschen, die den Zauber der Sprache zu schätzen und zu nutzen wissen. In einer süddeutschen Region, deren Name in diesem Zusammenhang nichts »zur Wahrheitsfindung beiträgt«, firmiert eine gewisse Sorte klein gewachsener Pflaumen bei manchen Landleuten als »Scheißpfläumla«, in anderen Regionen jedoch vielmehr als »Kirschpflaumen« oder gar als »blaue Mirabellen«. Fantasievolle Gastronomen, Kochbuchautoren und Köche erhöhen den Wert ihrer »Kreationen« durch deren Würzung mit euphemistischen Wunderwerken der Semantik und bereiten damit sich selbst und den sich diesem Wortzauber Hingebenden oder auch ihn genüsslich Durchschauenden »kleine Glücke« unterschiedlichster Art. Auf einer Pariser Speisekarte – um ein besonders apartes Beispiel anzuführen – firmiert das, was in Mainzer Weinstuben als »Meenzer Handkäs mit Musike« angeboten wird (also Harzer Roller, angemacht mit Zwiebeln, Essig und Öl), grandios als »Fromage de Mayence avec l'orchèstre«. Wo würde das deutsche Sprichwort »Wer angibt, hat mehr vom Leben« besser passen als hier? Ist es nicht wunderbar, den Ärger über eine zerbrochene Vase mit dem Ausruf »Scherben bringen Glück« ins Hoffnungsvolle oder gar wie in Italien mit dem Ausruf *Allegria!* ins Freudvolle wenden zu können? Und ist es nicht tröstlich, mithilfe zerschlagener Teller und Tassen am Polterabend und an Schiffsrümpfen zerschellter Sektflaschen Ehe- und Schiffsbrüche bannen zu können? So jedenfalls will es der semantisch-esoterische Zusammenhang zu der schon erwähnten »verkehrten Welt« der Traumbilder und der Begleitwünsche für riskante Unternehmungen.

Die letztlich entscheidende Frage ist, wer die Glücklichen sind, denen sich der Reichtum der »kleinen Glücke« zu erschließen vermag – und wem er verborgen bleibt. Viel spricht für die Annahme, dass diejenigen, die noch auf der rastlosen Suche nach dem vermeintlich »großen Glück« sind, am ehesten dazu neigen, die »Blumen am Wegrand« zu übersehen oder doch gering zu schätzen, weil ihr Blick eben auf scheinbar Größeres gerichtet ist. Und auch das Erreichen des je und je erstrebten »großen Glücks« bietet zwar eine gute Chance, keineswegs aber eine Gewähr dafür, dass die an ihren großen Glückszielen Angekommenen die kleinen Glücke (noch oder wieder) zu schätzen wissen. Umgekehrt ist aber auch alles andere als sicher, dass diejenigen, die ihre Suche nach dem »großen Glück« desillusioniert abgebrochen oder in vorweggenommener Resignation erst gar nicht begonnen hatten, am ehesten dazu befähigt sind, das Glück »kleinweis wie Honig« zu sammeln, um noch einmal an Erhart Kästners schönes Wort zu erinnern, in dem ja nicht nur die wonnige Süße der von den alten Griechen als olympischer Nektar geschätzten Köstlichkeit, sondern auch deren lang anhaltende Genussfertigkeit mitschwingt. Zu weit öffnet sich der Fächer menschlicher Charaktervielfalt, als dass solches ohne Weiteres zu erhoffen wäre. Genetische, soziale, pädagogische oder vielleicht auch astrologische und karmische Vorprägungen eröffnen ein unabsehbar »weites Feld« der individuellen Eigenheiten, in dem sowohl die Wahrnehmbarkeit als auch die Erlebbarkeit der kleinen wie der größeren Glücke sich verlieren. Am ehesten sind diese Eigenschaften wohl bei den Menschen anzutreffen, denen schon von Geburt und Kindheit an »das Auge sonnenhaft« geraten ist und die dann auch als geborene »Sonntags«- oder »Glückskinder« durchs Leben gehen. Ähnliches gilt auch für solche Menschen, die nach langem und oft schwerem Ringen mit sich selbst, Gott und der Welt zu einem vollkommen ausgeglichenen Bewusstseinszustand gefunden haben. Mit anderen Worten – bei solchen, die das »ganz große Glück« gefunden haben.

山亦山

III.
Ganz großes Glück?

Wer sich auf die Suche nach dem »ganz großen Glück« – dem Glück als dauerhaftem Bewusstseinszustand – begeben will, wird in erster Linie darum bemüht sein müssen, sich selbst zur Ruhe zu bringen.[15] Das Sich-selbst-zur Ruhe-Bringen freilich scheint das Schwierigste zu sein, was ein Mensch erstreben und erreichen kann. Dass dies mehr voraussetzt, als einige große Ziele erreicht und damit auch einige »große Glücke« im hier gemeinten Sinne erfahren zu haben, dürfte nach dem bislang Gesagten deutlich geworden sein. Hinter fast jedem »großen Glück« wartet ja schon das nächste darauf, angestrebt und erreicht zu werden. Auf einem 1839 entstandenen Blatt aus der Serie der »Hundert Ansichten des Fuji« zeigt der Großmeister des japanischen Farbholzschnitts Katsushika Hokusai (1760–1849) eine lange, gleich einem geschwungenen Pfad auf den majestätisch thronenden Fuji hinführende Kette von Vorgebirgen, die an dessen Fuß endet und dem im Berg-und-Tal-Rhythmus Pilgernden schließlich einen finalen (und beglückenden) Aufstieg zum Gipfel des den Japanern heiligen Berges versprechen. Ob Hokusai beim Entwurf dieses

Blattes nur seiner künstlerischen Inspiration folgte oder vielleicht gerade die Beschwerlichkeit der Bemühung um ganz große Zielglücke ins Bild setzen wollte, wissen wir nicht. Dem Autor jedenfalls ist dieses eindrucksvolle Blatt zum Symbolbild geworden, das er stets vor Augen hat.

Den Menschen »heilige« (das heißt also, Ganzheitlichkeit signalisierende und manifestierende) Berge – sei es nun der Fujiyama, der Kilimandscharo, der Olympos oder der Berg Sinai – stehen zumeist schon aufgrund ihrer majestätisch hochragenden Gestalt für etwas auch spirituell Erhabenes bis Jenseitiges, von dem man sich Ordnung und Orientierung erhofft. Nicht von ungefähr steigt Moses auf den Berg Sinai, empfängt dort mit den Zehn Geboten den »Frieden Gottes« und vermag so, sein – der Strapazen der Wüstenwanderung müde gewordenes – Volk wieder zur Ruhe zu bringen.

Es muss also wohl am ehesten etwas unsere diesseitigen Befindlichkeiten markant überschreitendes Jenseitiges sein, das uns zur Ruhe zu bringen und damit eine Grundvoraussetzung des »ganz großen

Glücks« zu ermöglichen vermag. An die Weite, Höhe und Tiefe dieses Jenseitigen mag man sehr unterschiedliche Vorstellungen knüpfen. Wer will, mag es schon im bloßen Verzicht auf die von Menschen erfahrungsgemäß erstrebten Teil- oder Etappenziele und die mit deren Erreichung verbundenen Glücksgefühle sehen. Bei einem Gang über den Athener Hauptmarkt, die Agora, soll Sokrates ausgerufen haben: »Wie viele Dinge es doch gibt, derer ich nicht bedarf.« Er hat damit einen Akkord angeschlagen, der in der von dem Sokrates-Schüler Antisthenes (440–366 v. Chr.) begründeten kynischen Schule fortklingt. Mit Diogenes von Sinope, dem legendären »Diogenes in der Tonne«, hat sie für das Abendland ihre Ikone gefunden. Im morgenländischen Kontext – vorab im Jainismus und im Buddhismus – wurde dieser Verzicht zum (negatives) Karma vernichtenden, dem ganz großen Glück der Auflösung im Nirwana entgegenführenden Heilsweg. Ein Heilsweg dies, den auch zahlreiche frühchristliche Anachoreten und Zönobiten in bewusster Abwendung vom Weg der am Aufbau einer machtbetonten Amtskirche arbeitenden Hierarchen zu gehen versuchten, die eine spirituelle Zuflucht in den ägyptischen Wüsten suchten. In abgeschwächter Form wurde dieser »ägyptische Weg« auch in der die Geschichte des Christentums begleitenden und prägenden Mönchskultur gelebt, deren geistiges Fundament die Erwartung einer – je nach Klosterregel – mehr oder minder strengen asketischen Selbstzucht war. Nicht zuletzt in dem auf das Leitbild von Mitte und Maß ausgerichteten benediktinischen *Ora et labora!* (Bete und arbeite!) sollte sie die spirituelle Wertigkeit eines im steten Blick auf die Horizonte der christlichen Heils- und Erlösungslehre zu gewinnenden Seelenfriedens und damit das »ganz große Glück« eines rechten »Christenmenschen« zumindest fördern, wenn nicht gar garantieren. Dass die Wirklichkeit auch hier oft anders aussah als die theoretische Erwartung, ändert nichts an der hypothetischen Plausibilität einer solchen Glücksperspektive. Seiner durch die calvinistische Prädestinationslehre metaphysisch noch weiter überhöhten, in seiner praktischen Zielrichtung jedoch säkularisierten Variante wurde das *labora* zum allgemeinen Imperativ der abendländischen Zivilisation. Ihm verdankt sie ihren materiellen Glanz, zugleich aber auch ein Gutteil ihres spirituellen Elends. In Gestalt eines mehr oder minder ungehemmten Kapitalismus hat sich die – ob nun benediktinisch oder calvinistisch akzentuierte – Jenseitsperspektive bis zur Unkenntlichkeit verschleiert und damit in eine Situation geführt, in der sich die Glücksfrage in den westlichen Gesellschaften trotz oder gerade wegen deren materieller Lebenshöhe erneut mit großer Dringlichkeit stellt. Die in vielen westlichen Ländern trotz eines historisch beispiellosen Wohlstandsniveaus ständig wachsende Zahl der an Depressionen Leidenden spricht eine deutliche Sprache. Dass allein die weitverbreitete Verdunkelung von Jenseitsperspektiven hierfür verantwortlich sei, lässt sich schwerlich behaupten. Andererseits ist unleugbar, dass eine jede Jenseitsperspektive zu einer sinnstiftenden und damit auch Lebensglück fördernden Kraftquelle werden kann – und dies ganz unabhängig von deren jeweiligem Zuschnitt. Auch wer geneigt ist, sich Friedrich Nietzsches Ablehnung jeder Form von »Hinter*welt*lertum« anzuschließen, mag dem mentalen Aufenthalt im so geschaffenen, jenseits von Gut und Böse liegenden, Reich der großen Freiheit Glücksgefühle – oder gar das »ganz große Glück« abgewinnen. Ob der auf diese Weise Raum für seine Vision vom Aufstieg eines gottähnlichen »Übermenschen« schaffende Gott-ist-tot-Prophet aus dieser Vision – von Augenblicken rauschhafter Kreativität abgesehen – einen Zustand persönlichen Glückes entwickeln konnte, wissen wir nicht, ist aber eher zweifelhaft. Und betont hat Nietzsche auch stets, dass er »nicht nach seinem Glück, sondern [nur] nach [s]einem Werke« strebe – eine Alternative freilich, die sich bei näherem Zusehen als Scheinalternative erweist. Eine schöpferische Herausforderung wie die Ersetzung eines jahrtausendealten Gottesbildes zu bestehen nämlich hätte sehr wohl den Grund für einen Zustand »ganz großen Glücks« abgeben können. Dafür nämlich, dass er diese Herausforderung als schicksalhaft empfand und dass er sie nach langem Ringen mit sich und der Welt glaubte gemeistert zu haben, legen sowohl seine offiziellen als auch seine inoffiziellen Lebensäußerungen unzweifelhaft Zeugnis ab. Sehr viel leichter als der sich zum großen Gottesmord berufen fühlende Nietzsche hatte es da der mittelbare Inspirator des mosaisch-christlich-islamischen Gottesbegriffs, der ägyptische Pharao Amenophis IV. (1364–1347 v. Chr.), der bereits an tendenziell monotheistische Vorstellungen seines Vaters Amenophis III. (1402–1364 v. Chr.) anknüpfen und sie zum Kult des *einen* (Sonnen-)Gottes Aton weiterentwickeln sollte. Nach allem, was die Ägyptologen von ihm zu berichten wissen, scheint er selbst in der völligen Hingabe an diesen Gotteskult sein »ganz großes Glück« gefunden, sein Reich aber in einem aus der gewaltsamen Durchsetzung des neuen Kultes entstandenen Chaos hinterlassen zu haben.

Doch zurück nun zu dem vor diesem Exkurs verfolgten Thema von Verzicht und Askese als Weg zur Erlangung von Seelenfrieden.[16] Dieses Thema legte einen knappen Brückenschlag von der kynischen Nachsokratik bis hin zum frühen und zum mittelalterlichen Christentum samt dessen parasäkularen Verflechtungen nahe. Nicht alle nachklassischen Schulen jedoch sahen im Ideal der Bedürfnislosigkeit den Königsweg zur Überwindung der – ständige Unruhe *im* Menschen und zwischen den Menschen erregenden – *Pleonexia,* dem unaufhörlichen Mehr-haben-Wollen.

Und schon gar nicht bedurften sie hierzu einer Jenseitsperspektive. In besonderem Maße galt dies für die Lehren Epikurs (341–270 v. Chr.). Wie für die Kyniker, so ist auch für die aus derselben politischen und kulturellen Umbruchsituation heraus philosophierenden Epikuräer der Rückzug aus der Politik ein Mittel zur Gewinnung persönlicher Autonomie und Autarkie. Persönliche Autonomie und Autarkie wiederum erscheint aus epikuräischer Sicht als Grundbedingung jenes Zustands edler Seelenruhe (*ataraxia*), ohne den der höchste Wert des menschlichen Daseins – Glückseligkeit – nicht zu erreichen ist.

Zur Erlangung der *ataraxia* bedarf es freilich nach der Lehre der »Philosophen im Garten« (wie sie nach einem von Epikur 306 v. Chr. in Athen erworbenen Grundstück genannt wurden) größerer Anstrengungen als des bloßen Fernhaltens vom Irrgarten der Politik.[17] Man hat Epikurs Philosophie als eine »Philosophie der Freude«[18] apostrophiert. Und in der Tat erscheint ihr die auf der Ausgeglichenheit des Geistes beruhende Seelenruhe nur aus der Kraft steter Freude heraus möglich. Diese Freude aber ist Freude an einem vernünftigen Leben. Die epikuräische Empfehlung, die Lust zu suchen und die Unlust zu meiden, gilt mithin keineswegs dem Lüstling, Säufer und Prasser, der einem sicheren Kater und einer möglichen Pleite entgegensieht, sondern vielmehr demjenigen, der sich durch eine gesunde Lebensweise seine Gesundheit zu erhalten weiß, sich jedoch auch eine gelegentlich reichere Tafel zum Fest werden lässt. Es bedarf nicht mehr als der Lektüre epikuräischer Schriften, um das – seit der Spätantike hartnäckig kolportierte – Missverständnis des epikuräischen Lebenswandels aufzuklären. »Wenn wir also die Lust für das letzte Ziel erklären, so meinen wir damit nicht die Vergnügungen der Schlemmer und nur den bloßen Genuss [...], sondern wir meinen das Freisein von körperlichem Schmerz und von der Unruhe des Gemütes. Denn nicht Trinkgelage mit tollen Umzügen, noch der Umgang mit schönen Knaben noch Weibern, noch der Genuss von Fischen und anderen Leckerbissen einer prächtigen Tafel machen das lustvolle Leben aus, sondern eine gelassene Klugheit, die verständig wählt und meidet und mit Wahnideen aufräumt, die die Seelenruhe stören.«[19]

Der epikuräische Versuch, in der heiß erstrebten Seelenruhe sittliche Autonomie und Autarkie zu finden, erscheint nicht weniger anspruchsvoll, jedoch weit weniger anstrengend als die forcierte Abstinenz der Kyniker. Auf der Suche nach der eigenen Mitte folgen Epikur und seine Schüler eher dem traditionellen Pfad der klassischen und vorklassischen Ethik – dem ebenso gelassenen und freudigen wie beharrlichen Ringen nämlich um die Gewinnung von Mitte und Maß in allen Lebenslagen.

Was die epikuräische Ethik besonders bemerkenswert erscheinen lässt, ist die Tatsache, dass Epikurs Philosophieren in der Nachfolge der vorsokratischen Atomistik Demokrits von materialistischen Voraussetzungen ausgeht und sowohl ein Eingreifen der Götter in die kosmischen und menschlichen Entwicklungen als auch eine jenseitige Verantwortung des Menschen für sein diesseitiges Tun und Lassen negiert. Wenn er dennoch die kultische Verehrung der Götter empfahl, so wegen des Glückes, das die Schau reiner Wesenheiten zu vermitteln vermag.

Eine dem epikuräischen Glücksziel heiterer Gelassenheit vergleichbare Zielperspektive beseelt auch die Stoa, eine weitere bedeutende Philosophenschule der nachalexandrinischen Zeit. Wie die epikuräische *ataraxia* meint auch der von ihr für das menschliche Leben erstrebte Seelenzustand der *apatheia* nicht etwa Teilnahmslosigkeit, wohl aber Leidenschaftslosigkeit. In der gelassenen Hinnahme des Unabänderlichen sahen sich der Gründer der Schule, Zenon von Kriton (332–202 v. Chr.), ein reicher Kaufherr, der in einer einzigen Sturmnacht mit einer Flotte sein gesamtes Vermögen verloren hatte, und seine Schüler im Einklang mit dem als ewiges Weltgesetz verstandenen *logos*. In diesem Einklang vermochten sie (oder strebten sie doch wenigstens danach), ihr »ganz großes« Lebensglück zu sehen und zu finden. Nicht zuletzt die elementare Schlichtheit dieses Glücksziels angesichts politisch turbulenter Zeiten dürfte für den großen, sich bis in die Spätzeit des Römischen Reiches hinein erstreckenden Einfluss der Stoa verantwortlich gewesen sein. Dass die Stoa im Hinblick auf ihre Haltung zur Politik im Lauf der Jahrhunderte erhebliche Wandlungen erfuhr, änderte nichts an ihrer zentralen Glücksbotschaft, die sich auch in den Werken von Philosophen und Staatsmännern wie Cicero, Seneca, Petronius, Epiktet und Marc Aurel deutlich spiegeln sollte.

Zur *apatheia*, die sich für die Stoiker als Freiheit vor (übermäßiger) Begierde und (übermäßiger) Furcht darstellte (und damit eigentlich jenes goldene Mittelmaß schon in sich selbst trägt, das nicht erst seit den scharfsinnigen Deduktionen in der *Nikomachische[n] Ethik* als Inbegriff des Tugendhaften gilt), sollte sich allerdings auch noch ein untadeliges Leben gesellen, um ihr Glück vollzumachen. »Das wahre Glück«, schreibt Seneca (4 v. Chr.–65 n. Chr.) in seiner Schrift *Vom glückseligen Leben* (*De beata vita*), »besteht in der Tugend«[20] – einer Tugend, bei deren Beschreibung der Prophet edler Leidenschaftslosigkeit geradezu leidenschaftlichen Schwung entfaltet. Auch Epiktets (ca. 50–135 n. Chr.) *Handbüchlein der Ethik (Enchiridion)* sieht eine echte Glückschance nur in der Verbindung einer gleichmütigen Hinnahme der Wechselfälle des Lebens mit tugendhaftem Verhalten. In dem schönen Gleichnis vom Tisch des Lebens wird dieser Zusammenhang offenbar. »Gedenke«, heißt es da, »dass du dich [... im Leben] wie bei Tische betragen musst. Es wird etwas hereingetragen und kommt zu dir: Strecke die Hand aus und nimm bescheiden deinen Anteil. Es wird vorbeigetragen: Halte es nicht zurück. Es ist noch gar nicht gekommen. Mache deine Begierde nicht weithin bemerkbar, sondern warte, bis es zu dir herunterkommt. So sei es mit deinen Kindern, so mit deinem Weibe, so mit Stellungen und Reichtum, und du wirst einmal ein würdiger Tafelgenosse der Götter sein.«[21] Was aber könnte ein vollkommenerer Ausdruck eines »ganz großen Glückes« sein, als sich als »Tafelgenosse der Götter« fühlen zu dürfen?

Eine ähnliche Perspektive erschließt sich dem einer Intrige zum Opfer gefallenen Kanzler des Ostgotenkönigs Theoderich (454–526 n. Chr.) in seiner Gefängniszelle in Pavia, wo ihm die Philosophie in Gestalt einer hehren Dame als Trösterin erscheint. Auch für Boethius (480–524 n. Chr.) bereitet das stoische Bemühen, sich durch Relativierung aller irdischen Glücksgüter von Fortunas

Launen zu emanzipieren, den Weg zur Erkenntnis der wahren Glückseligkeit. Diese wahre Glückseligkeit aber ist für Boethius das Gute oder Gott. Teilhabe an ihr ist Teilhabe an Gott. Und an der bis zur In-eins-Setzung reichenden Möglichkeit zur Teilhabe an Gott hegt Boethius keinen Zweifel. Ganz unumwunden erklärt er, dass »diejenigen, die Glückseligkeit erlangen, Götter werden«, und sogar, dass »jeder Glückliche [...] Gott« sei.[22] Wie gut tausend Jahre später Baruch de Spinoza (1632–1677) seine intellektuelle Gottesliebe *(amor Dei intellectualis)* weist auch schon Boethius die Vernunft den Weg zum Glücksziel der Gottseligkeit. Dieser Vernunftweg erweist sich stets aufs Neue als der aristotelische Tugendpfad von Mitte und Maß. Und so mahnt der dem Tag seiner Hinrichtung gelassen ins Auge Blickende denn auch zum Abschluss des vierten Kapitels seines Buches vom *Trost der Philosophie (De Consolatione Philosophiae)* seine Leser: »Mit fester Kraft besetzt die Mitte; alles, was darunter stehen bleibt oder darüber hinausgeht, enthält eine Geringschätzung des Glückes.«[23]

Während bei dem christlich erzogenen Boethius noch (wenn auch christlich skandiertes) stoisches Gedankengut nachwirkt, hatte der ihm um ein Menschenalter vorangegangene Aurelius Augustinus (354–430 n. Chr.) die Hingabe an den als ewiges Weltgesetz verstandenen stoischen *logos* längst vollzogen. Auch für ihn ist das Zu-innerer-Ruhe-Kommen für jeden Menschen das Alpha und das Omega des »ganz großen Glücks«. Das menschliche Herz aber, so der Autor der *Confessiones* und Bischof von Hippo Regius, könne erst zur Ruhe kommen, wenn es Ruhe finde in Gott. Im visionären Gespräch mit seinem Gott liefert er dann auch eine Begründung für seine Überzeugung, deren die Jahrhunderte überdauerndes Faszinosum in ihrer elementaren Schlichtheit lebt. Das Ruhen in Gott, so der inmitten der Wirren der Völkerwanderung lebende und sterbende Kirchenvater, sei deshalb die einzige Möglichkeit, zu eigener glückhafter Seelenruhe zu finden, weil dieser ihn auf sich hin geschaffen habe *(quia nos fecisti ad te)*.

Für einen jeden, der bereit war, solche Er- und Bekenntnisse auf- und anzunehmen, ergab sich dann allerdings die Frage, auf welchen Pfaden dieser sehr allgemein gehaltenen Wegweisung gefolgt werden könnte. In der Geschichte des Christentums spielte dabei spätestens nach der konstantinischen Wende (und in der Geschichte des Islam seit der Zeit des Propheten Mohammed) die Dogmatisierung und Institutionalisierung von Glaubensinhalten eine immer bedeutsamere Rolle. Die Hinwendung auf das metaphysische Glücksziel Gott bedeutete dann für die überwiegende Mehrzahl der Gläubigen die Annahme der von den religiösen Machteliten vorgegebenen Glaubensinhalte und die Befolgung der von ihnen verordneten Verhaltensregeln. Die Wahrnehmung dieser – zum Teil mit erheblichem sozialem und politischem Nachdruck erzwungenen – Option war (und ist zum Teil noch heute) eine von mehreren Möglichkeiten, Seelenfrieden zu suchen und vielleicht auch zu finden. Ein genauerer Blick auf die lange Geschichte der strikt dogmatisierten und institutionalisierten Religionen zeigt freilich auch die riesigen Stolpersteine, die diesen Hoffnungsweg des Menschen zu glückhafter Gottseligkeit behindern oder gar völlig verstellen. Zum einen entwickeln sich schon innerhalb der verfassten Religionen immer wieder heftige Differenzen zwischen deren Meinungs- und Machteliten samt ihren Anhängern – Differenzen, die von mehr oder minder verbissener Rechthaberei bis hin zu Konfessionsspaltungen reichen können und bei zahllosen Gläubigen zu anhaltender Verunsicherung und Desorientierung führen. Erst recht galt und gilt dies zum Teil noch heute im Außenverhältnis zwischen den Religionen, deren Weltanschauungs-Unterschiede immer wieder zu soziokulturellen und soziopolitischen Konflikten bis hin zu – dann meist mit großer Erbitterung ausgefochtenen – Konfessionskriegen führten. Da nicht alle Religionen im selben Maße einem Aufklärungsprozess ausgesetzt waren, wie dies beim Christentum in den vergangenen drei bis vier Jahrhunderten der Fall war, flammen mancherorts (zum Beispiel in Pakistan, Indonesien und Ägypten) solche gewaltsamen Konflikte auch heute noch auf. Nicht von ungefähr hat daher auch der Dalai Lama – als geistliches Oberhaupt der tibetanischen Buddhisten immerhin ein bedeutender Religionsführer – öffentlich bekundet, dass es vielleicht für den Frieden und das Glück der Menschen besser wäre, an die Stelle der verfassten Religionen (nur) eine allgemein akzeptierbare und akzeptierte (Welt-)Ethik treten zu lassen. In seinem jüngsten »Appell an die Welt« aus dem Jahre 2017 schreibt er über das Scheitern der Religionen: »Keine hat es geschafft, dass wir zu besseren Menschen werden, keine hat für das Entstehen einer besseren Welt gesorgt [...] Ohne Religionen kann man auskommen. Aber ohne Liebe und Mitgefühl? Nein.«[24] Es ist dies zwar eine für einen Religionsführer geradezu revolutionäre, zumindest aber überraschende, angesichts der ethischen »Reibungsverluste« der überkommenen Religionen gleichwohl sehr berechtigte Überlegung, die auch bei christlichen Befürwortern eines »Weltethos-Projekts« wie Hans Küng und Alois Riklin Verständnis finden dürfte. Überlegungen solcher Art verlängern unverkennbar den von dem deutschen Aufklärer Gotthold Ephraim Lessing in seiner »Ringparabel« trassierten Pfad.[25] Für zahlreiche Menschen dürfte es freilich auch heute noch schwer vorstellbar sein, einen direkten Zugang zu Gott ohne jegliche geistige Führungshilfe durch »akkreditierte« Vertreter etablierter Religionen zu suchen und zu finden. Die einst von dem kalabresischen Abt und Seher Joachim von Fiore (1135–1202) in seinem »Ewigen Testament« im Blick auf ein »Drittes Reich des Heiligen Geistes« angekündigte Abwendung der Christen von der Kirche als Institution allerdings hat längst begonnen. Schon die laufend steigende Zahl der Kirchenaustritte spricht eine deutliche Sprache. Einer Umfrage der Hamburger BAT-Stiftung für Glaubensfragen zufolge ist nur noch 13 Prozent der Deutschen ihre Religion »heilig«. Nicht überall auf dem Globus ist die »Entzauberung der Welt« (Max Weber) so weit fortgeschritten wie im (vormals) »christlichen Abendland«. Vor allem dort, wo sich die Symbiose von weltlichen und geistlichen Machteliten noch halten oder wieder etablieren konnte (wie dies unter anderem im Iran und ansatzweise auch in einigen anderen Ländern des Nahen und des Mittleren Ostens der Fall ist), wird der institutionell umhegte Glückspfad zum Paradies noch immer von zahlreichen Gläubigen als der einzig begehbare angesehen – eine Sichtweise, die ebenso wie im Westen nach Bildungsgrad stark variieren dürfte. Im – über die Jahrhunderte hin christlich geprägten – Abendland freilich hatte sich das Verlangen nach dem »ganz großen Glück« direkter Gottesnähe und Gottesschau schon sehr frühzeitig eine Bahn gebrochen. Neben dem sich in der allmählichen Formierung der römischen Kirche manifestierenden Weg der Hierarchen[26] und der auf ihr Wort Hörenden, bildete sich unter den frühen Christen eine sehr viel weniger sichtbare, notgedrungen »apokryphe« spirituelle Strömung – die sogenannten Gnostiker, die in der Nachfolge Jesu einen Weg zu unmittelbarer Gotteserkenntnis (Gnosis) suchten.[27] Unter dem Druck des Alleingeltungsanspruchs der Kirche führte der Weg zahlreicher Jünger der Gnosis jedoch schon sehr bald in die Einsamkeit der syrischen und ägyptischen Wüsten, wo er sich – weil sozial und politisch ungefestigt – allmählich im Ungefähr und Nirgendwo verlor, um sich dann freilich in späteren Jahrhunderten in mannigfachen Trassierungen stets aufs Neue zu manifestieren. In besonders markanter Weise galt dies für den geistigen Umkreis der christlichen Mystik des Mittelalters, die im Schutz klösterlicher Zurückgezogenheit und in mehr oder minder stillschweigender Abwendung von der – sowohl ihren geistlichen als auch ihren weltlichen

Machthunger auslebenden – *Ecclesia triumphans* einen spirituellen Glückspfad in das Seeleninnere hingebungsvoller Gottseligkeit beschritt. Zu nennen ist in diesem Zusammenhang insbesondere Meister Eckhart (1260–1323), der von der Gottesgeburt *im* Menschen sprach[28] und diese Vorstellung bis hin zur Gottesidentität (»Gott und ich, wir sind eins«[29]) verfolgte und damit indirekt an das nach dem Johannes-Evangelium von Jesus von Nazareth (unter Anspielung auf Psalm 82) an seine Jünger gerichtete Wort »Ihr seid Götter und allesamt Söhne des Höchsten« (Joh. 10,34), aber auch schon an Senecas Aussagen zur Gottesidentität (»Gott ist dir nahe, er ist bei dir, er ist in dir«) erinnerte.[30] Dass diese – in der Männer- und der Frauenmystik auf sehr unterschiedliche Weise zum Ausdruck gebrachte – *Unio mystica* eines »castillo interior« (Teresa von Avila[31]) bedurfte, um nicht auf den Scheiterhaufen der Inquisition vertilgt zu werden, bedarf kaum besonderer Betonung. Und wenn dann auch die machtvolle Woge der europäischen Aufklärung vom 17. bis 20. Jahrhundert diese von den Mystikern als das »ganz große Glück« ihres Lebens empfundene Gottesinnigkeit wieder hinwegspülen sollte, so dürfte dieser individuelle Weg nach innen als spiritueller Gegenentwurf zur institutionalisierten »Himmelsleiter« eine potenzielle Option bleiben, solange es auf der Glückssuche befindliche, frei atmende Menschen gibt.

Wenn die von Meister Eckhart in den Themenkreis der Mystik eingeführte Gottesgeburt *im* Menschen mehr als eine bloße Wunschvorstellung sein soll, erhebt sich allerdings die Frage, was eine solche für den sie Erhoffenden, für seine Geisteshaltung und für seine Seelenlage konkret bedeuten kann. Versteht man mit dem Theologen, Philosophen und Kirchenfürsten Nikolaus von Kues (1401–1464) Gott als *Coincidentia oppositorum*, als allumfassende Versöhnung aller Gegensätze (und angesichts der unübersehbaren Komplexität des Lebens fällt es schwer, ihn anders zu verstehen), so müsste es eigentlich für einen jeden, der Gott in seinem eigenen Inneren sucht, möglich sein, mit all den Widersprüchen in der Welt, bei seinen Nächsten und bei sich selbst fertigzuwerden und zu jener Gelassenheit zu finden, die jenseits der – vielleicht nur vorläufigen – »großen Glücke« und über die

Dankbarkeit für viele denkbare »kleine Glücke« hinaus das »ganz große Glück« eines Menschenlebens bedeuten kann. Aus einem, seine tiefe Gottergebenheit spiegelnden, Vers des Dichters Eduard Mörike (1804–1875) mag man eine solche Geistes- und Seelenlage ablesen:

»Herr, schicke was du willt,
ein Liebes oder Leides,
ich bin vergnügt, daß beides
aus deinen Händen quillt.«

Wie immer es sich aber auch mit dem Weltanschauungshorizont der jeweiligen Glückssucher verhalten mag – so viel scheint unverkennbar zu sein: Nicht anders als glücklich zu nennen sind zweifellos diejenigen, die die Glücksgaben des Schicksals dankbar und gemessen entgegennehmen, aber auch dessen Widrigkeiten gelassen begegnen, wenn sie ihnen ohne eigenes Verschulden durch äußere (das heißt also unter anderem natürliche, soziale oder politische) Umstände auferlegt wurden. Wer auch nur ein Fünkchen Fantasie hat, kann sich stets Alternativen zum eigenen Leben, an Scheidewegen unfreiwillig erfahrene oder freiwillig wahrgenommene Optionen vorstellen und ihnen nachhängen. Und dies umso mehr, wenn das tatsächlich gelebte Leben nicht alle Erwartungen zu erfüllen vermag. Hat der oder die Betreffende aber dazu auch nur ein Quäntchen Verstand und Vorstellungsvermögen, so wird ihm oder ihr klar sein, dass auch solche potenziellen Alternativen sich nicht in reines Wohlgefallen auflösen würden, dass auch in diesen ungelebten Leben Fallstricke ausgelegt wären, die man nur zu leicht übersehen würde, weil »nach einem Happy End« eben »abjeblendt« wird (Kurt Tucholsky[32]). Sowohl die Chancen als auch die Risiken solcher etwaiger »Versuchungen« ebenso gelassen als Teil des eigenen Lebens in sich aufzunehmen wie die tatsächlich erfahrenen Potenziale und Defizite dürfte geradezu Voraussetzung für jene menschliche Erfahrungsreife sein, ohne die ein mental erfolgreiches Leben kaum vorstellbar ist. Glücklich zu nennen sind daher wohl diejenigen, die gelassen mit dem vorliebnehmen, was ihnen nach Maßgabe der eigenen Kräfte und Lebensumstände von »Gott oder (der) Natur« (Baruch de Spinoza) zuerkannt wird.[33] Wem dies gelingt, wer nach allem, »was in ihm wohnt an Meinung, Geschmack und Humor« (Joachim Ringelnatz[34]) seinem eigenen Leben das – schon in den 1950er Jahren von dem britischen Psychoanalytiker Donald W. Winnicott geprägte – Prädikat »gut genug« verleihen kann, das Daniel Schreiber, der Autor von *Zuhause* (2017), zur Losung seiner autobiografischen Glückssuche[35] gemacht hat – dem kann wohl mit Fug und Recht zuerkannt werden, dass er mit dieser unprätentiösen Geisteshaltung jenseits aller temporären Beglückungen und Beschädigungen zumindest *eine* Grundvoraussetzung für das ganz große Glück gefunden hat. Von ihm kann vermutet werden, dass er jene Glückschance gefunden hat, die bestenfalls auch dem Märchenprinzen zuteilwerden kann, wenn der das Aschenputtel heimgeführt oder Dornröschen wachgeküsst hat.

Ein großes Missverständnis freilich wäre es, diesen Bewusstseinszustand eines »Gut genug« als einen Zustand mehr oder minder satter (Selbst-)Zufriedenheit zu verstehen. Vielmehr soll dieses »Gut genug« lediglich als Schutz und Schirm wider maßlose und daher im Zweifel auch unerfüllbare Glückserwartungen wirken, nicht aber die Bemühung um die Verwirklichung dessen hemmen, was je und je als Erfüllung des höchstpersönlichen Lebenstraums empfunden wird. In seinem Roman *Der Mann, der glücklich sein wollte* (2009), lässt Laurent Gounelle seinen Glückssucher die schlichte Frage stellen: »Was ist das eigentlich: ein geglücktes Leben?«, worauf ihm sein im Fernen Osten aufgesuchter Mentor die folgende, nicht minder schlichte Antwort erteilt: »Es ist ein Leben, das man gemäß seinen Wünschen und stets in Übereinstimmung mit seinen Werten geführt hat, um bei jeder Tätigkeit sein Bestes zu geben und im Einklang zu bleiben mit dem Menschen, der man ist. Wenn möglich ein Leben, das einem die Möglichkeit bot, sich selbst zu übersteigen, sich etwas anderem jenseits der eigenen Person zu widmen und einen Beitrag zu leisten für die Menschheit, sei er noch so bescheiden [...].«[36]

Nicht nur der sogenannte gesunde Menschenverstand, sondern auch die Hirnforschung scheinen diese Sichtweise zu bestätigen. Wie die mit diesem Wissenschaftszweig befassten Neurologen lehren, ist nicht nur das Bestehen unerwarteter Herausforderungen, sondern auch das Anstreben (und dann auch Erreichen) von kleineren oder größeren Zielen, die sich harmonisch in die Verwirklichung des jeweiligen eigenen Lebensentwurfes und der eigenen Wertvorstellungen fügen, eine wichtige Voraussetzung für die (Neu-)Bildung von Nervenzellen und Nervenzellverknüpfungen im menschlichen Gehirn. Eine solche Förderung der »Neuroplastizität« (wie der Fachausdruck lautet[37]) führt im Gehirn zu jenem Zustand wachsender Kohärenz, der uns nach den Erkenntnissen dieses Wissenschaftszweiges Glücksgefühle empfinden lässt.[38] Zwar kann die Zuführung in natürlichen Lebensmitteln enthaltener oder aber künstlich hergestellter sogenannter Glückshormone (Endorphine, Dopamin, Serotonin, Oxycotin und Phenethylamin) derartige Prozesse fördern. Allerdings besteht auch die Gefahr, dass Glückshormone durch Verbindung mit gewissen zusätzlichen Stimulanzien wie Alkohol und Nikotin oder auch im Zusammenhang mit stimulierenden Tätigkeiten wie Glücksspielen oder Surfen im Internet sich in ihrer luststeigernden Wirkung derartig potenzieren, dass sie ein Suchtverhalten auslösen, das die Grundlagen für dauerhaftes Glücksempfinden zu untergraben geeignet ist. Auch insoweit bleibt es bei der antiken Weisheitsregel *Ne quid nimis!* (Nie etwas zu viel!). Insofern ist auch der Werbeslogan eines bekannten Schokolade-Herstellers neben einer Abbildung seiner süßen Tafeln »Endlich entschlüsselt: die DNA des Glücks« ebenso irreführend wie die Verheißungen der Drogen-Gurus. Der Genuss von Schokolade beispielsweise (die Serotonin und Phenethylamin enthält) oder von Bananen (die ebenfalls Serotonin enthalten) kann zwar tatsächlich die augenblickliche Stimmungslage heben, schwerlich jedoch zu einer länger anhaltenden Schaffung von Kohärenz in dem für unsere Bewusstseinsbildung zuständigen Organ führen. Der ironische Schlager »Ich will keine Schokolade, ich will lieber einen Mann!« trifft den Nagel wenigstens insofern auf den Kopf, als nicht Ersatzbefriedigungen, sondern nur die Erreichung grundlegend wichtiger Lebensziele (und zu diesen zählt zweifellos eine erfolgreiche Partnerschaft) Kohärenz und damit anhaltende Glückszustände fördern kann. Auch wer die gelassene Hinnahme des dem eigenen Leben gesetzten Rahmens mit dem erwähnten »Gut genug« besiegeln kann, wird diese Grundvoraussetzung für ein glückliches Leben durch das Bemühen um eine Ausfüllung und vielleicht auch maßvolle Dehnung des ihm durch unveränderliche oder doch schwer veränderliche Schicksalskoordinaten gesetzten Rahmens im Zuge des Bestehens kleinerer oder größerer Herausforderungen noch steigern können – ganz so wie der herbstliche oder spätwinterliche Baumschnitt die Fruchtbarkeit der Obstbäume zu fördern vermag. Wenn Thomas Hobbes es in der oben wiedergegebenen Passage als Glück bezeichnet hat, im Wettlauf des Lebens den jeweils vor uns Laufenden zu überholen, so ist dies eine sehr eindimensionale Sicht der Dinge. Richtig daran ist nur, dass das Meistern von Herausforderungen unserem Bewusstsein jenen »Kick« verpasst, der die – vielleicht mit »Verjüngung« übersetzbare – Neuroplastizität des Gehirns fördert und damit unsere Bewusstseinskohärenz und unser Wohlgefühl steigert. Nicht ausschlaggebend ist dabei, wie diese Herausforderungen im Einzelnen aussehen. Im Gegensatz zu der Hobbes'schen

Perspektive braucht es sich dabei keineswegs um Konkurrenz- oder Rivalitätserfolge zu handeln. Auch dem Mitgefühl entspringendes altruistisches Handeln kann zu einer essenziellen Voraussetzung für die Steigerung dieser Neuroplastizität, die Neutralisierung von Stress und die Bildung von Glückshormonen werden. Es kann also sehr wohl auch eine gelungene Versöhnung nach langem Zwist sein, der Impulse der skizzierten Art auslöst. Ähnliches gilt auch für das Wiederauffinden von etwas Verlorenem, das Erreichen eines lange erfolglos angestrebten Zieles oder auch ein plötzlicher Gewinn. Wenn dann anderes weniger gut oder gar nicht gelingt, braucht auch dies kein Grund für die Aufhebung eines einmal erreichten Kohärenzzustandes zu sein. Und dies zumindest dann nicht, wenn am Ende der Zusammenschau von Gelungenem und Nicht-so-gut-Gelungenem, vom Schicksal Verliehenem oder Vorenthaltenem jenes »Gut genug« steht, das auch Voraussetzung für die Erlangung der von den Epikuräern und den Stoikern erstrebten *ataraxia* beziehungsweise *apatheia* darstellt und sich letztlich auch in den erwähnten christlichen Gottergebenheitsbekundungen spiegelt. »Gut genug« ist für Mörike das ihm Beschiedene, weil es ihm von seinem Gott »geschickt«, weil es aus dessen Willen entborgen wurde und insoweit auch für den Gottergebenen Sinnerfüllung bedeutet. Auch die von Meister Eckhart erstrebten und erfahrenen internen Gottesgeburten können schwerlich anders denn als Bereitschaft zur Hinnahme des ihm vom Himmel als »Schicksal« Zugewiesenen verstanden werden. Voraussetzung einer solchen Bereitschaft braucht aber keineswegs eine metaphysische Bezugnahme zu sein, wie schon das Beispiel Epikurs erkennen lässt. Auch schlichter Fatalismus mag Ähnliches bewirken. Ein »Gut genug« der hier skizzierten Art kann daher auch für erklärte Agnostiker oder Atheisten zur Basis einer als glückhaft empfundenen Bewusstseinshaltung werden.

Eine Gemeinsamkeit jedenfalls scheint all *den* Menschen zu eignen, die sich erkennbar auf einem unverstellten Glückspfad befinden – die Überzeugung nämlich, den (wie auch immer gesehenen) Sinn ihres Lebens entdeckt zu haben und an dessen Erfüllung mit Aussicht auf Erfolg werken und wirken zu können. Im Windschatten ihrer Zielsetzung wird es ihnen am ehesten gelingen, den Wechselfällen des Lebens mit jenem gelassenen »Passt scho« (Es ist schon recht) zu begegnen, das sich die bayerische Mentalität und Mundart – vergleichbar mit Winnicotts »fair enough« und Schreibers »Gut genug« – seit eh und je zur Ausdrucksform ihrer Devise »Leben und leben lassen« erkoren hat.

Auch dann aber, wenn man das »Gut genug« als Seelenfrieden versprechende Glücksformel anerkennt, bleibt noch offen, ob man sie nur bei einem gelegentlichen Atemholen auf einem sinnvollen Zielhorizonten entgegenführenden, mehr oder weniger bewegten Lebensweg erfährt oder als eine ständige, jeden Schritt auf diesem Weg überstrahlende Gewissheit. Zumindest dann, wenn Letzteres der Fall ist, entfaltet die schon in anderem Zusammenhang erwähnte fernöstliche Weisheit, dass kein Weg zum Glück führe, sondern der Weg selbst das Glück sei, seinen tieferen, lebensfreundlichen Sinn.

窻中の不二

IV.
Verdientes oder unverdientes Glück?

Nachdem nun von verschiedenen Horizonten und Wahrnehmungsformen des Glückes die Rede war, bleibt die Frage, warum manche Menschen das ihnen winkende »kleine Glück« stets zu erkennen vermögen und zu schätzen wissen – und andere eben selten oder nie. Auch bleibt die Frage, warum manche Menschen sinnvolle Vorstellungen vom »großen Glück« zu entwickeln vermögen und sie dann in der Folge auch tatkräftig anzustreben und zu verwirklichen suchen – und andere eben nicht. Und schließlich bleibt auch die Frage, warum sich manche Menschen (mittels welcher philosophischer oder religiöser Vorstellungen auch immer) auf eine geistige und seelische Ebene zu erheben vermögen, die man zumindest für deren Bewusstsein als »ganz großes Glück« betrachten kann – und andere eben nicht. Mit anderen Worten: Es bleibt die Frage nach den Hintergründen und Ursachen für die sehr unterschiedliche Glücksfähigkeit – und daher letztlich auch Glückserfahrung – der Menschen.

Selbst dann nämlich, wenn man die Schicksalsgöttin Fortuna nur mit einer dunklen Augenbinde zu sehen vermag, aus deren Füllhorn die Lebensgüter wahllos auf die Sterblichen niederregnen, ist doch nicht zu verkennen, dass es zumindest »kleine Glücke« gibt, die »eigentlich« ein jeder wahrnehmen und schätzen könnte, was jedoch nach allen Erfahrungen des täglichen Lebens keineswegs der Fall ist. Und es ist auch nicht zu verkennen, dass so manche, von denen man annehmen könnte, dass sie nicht aus Fortunas Füllhorn, sondern viel eher aus der Büchse der Pandora bedacht wurden, ihr Schicksal mit Gelassenheit oder gar Heiterkeit tragen, während andere, die mit allen nur denkbaren Glücksgütern gesegnet wurden, meist unzufrieden und missmutig durchs Leben gehen. In der vom Autor besuchten Stuttgarter Grundschule am Kräherwald mit dem schönen Namen »Im sonnigen Winkel« mussten wir Zweitklässler jeden Tag einmal den Kanon singen: »Froh zu sein bedarf es wenig und wer froh ist, ist ein König.« Auch das Wenige freilich muss erkannt und empfunden werden, um die verheißene Erfahrung zu ermöglichen. Nie werde ich einen (nicht etwa bettelnden) Beinamputierten vergessen, der – sich mit wattierten Armen und Händen am Boden weiterstoßend – auf einem Brett mit Rollen den Gehweg einer Kleinstadt in New Hampshire entlangrollte und alle ihm Begegnenden mit einem strahlenden »Good morning, everybody« begrüßte.

Glücksfähigkeit ist zweifellos ein, wenn nicht *das* Herzstück der – sich als *Ars vivendi et moriendi* manifestierenden – Lebenskunst. Dies festzustellen erklärt aber noch nicht, warum es Menschen gibt, denen diese Glücksfähigkeit eignet, wie auch andere, die keinen Zugang zu ihr finden. Und dies, obwohl Wilhelm Buschs Devise »Wer Sorgen hat, hat auch Likör« im übertragenen Sinne heute wie zu allen Zeiten gilt. Wegweiser zum Glück nämlich gab es stets – ob sie nun den Ungebildeten durch Märchen, Sprichwörter oder die Sonntagspredigt des Pfarrers vermittelt wurden oder den Gebildeten durch die Lektüre der platonischen Dialoge, der Schrift Senecas über das glückselige Leben oder den *Trost der Philosophie* von Boethius. Auch solche Wegweiser zu Weisheitspfaden freilich setzen stets voraus, dass man sie überhaupt zur Kenntnis nimmt und ihnen gegebenenfalls auch folgt. Es gilt dies auch für die Gegenwart, für eine Zeit also, in der die Verlagsprogramme und die Buchhandlungen von literarischen Lebenshilfen überquellen und Unzählige in Meditationsseminaren und dergleichen Befreiung von den Frustrationen ihres Daseins suchen. Und dies, obwohl das Niveau rechtlich-politischer Freiheitsbeschränkung und wirtschaftlicher Not im Vergleich zu früheren Zeiten einen nie gekannten Tiefstand erreicht hat. Sollte also das fast vergessene alte Sprichwort »Gute Tage stehlen das Herz« recht behalten? Unverkennbar ist jedenfalls, dass es um die Glücksfähigkeit der Menschen in der westlichen Welt trotz (oder gerade wegen?) ihres hohen Wohlfahrts- und Wohlstandsniveaus nicht allzu gut bestellt zu sein scheint, was freilich nicht ausschließt, dass es auch heute nicht wenige Menschen gibt, die einen klaren Blick und ein dankbares Herz für die ihnen vom Schicksal zugeteilten Glücksgüter zu bewahren und auch nach gelegentlichen Eintrübungen ihres Bewusstseinszustandes wieder zu einer glückhaft ausgeglichenen Seelenlage zurückzufinden wissen. Vielleicht wird man ja auch im Westen demnächst dem eingangs erwähnten Beispiel der indischen Hauptstadt-Region Delhi folgen und »Glück« als Schulfach einführen. Ob sich hierfür allerdings genügend von ihrer Persönlichkeitsstruktur und ihrem (Herzens-) Bildungsniveau her geeignete Lehrkräfte finden, dürfte eher zweifelhaft sein.

Aus dieser – fast ein wenig an den augustinischen Dualismus von *Civitas terrena* (Weltgesellschaft) und *Civitas Dei* (Bürgerschaft Gottes) erinnernden – Erfahrungslage ergibt sich nunmehr unabweisbar die Frage, ob sich plausible Ursachen für diese unterschiedliche Affinität der Menschen zu kurz- oder langfristigen Glückszuständen benennen lassen. Eine Frage dies, die dann noch in die noch differenziertere mündet, warum manchen Menschen eine mäßige Nähe zum Glück bescheinigt werden kann, während andere häufig geradezu »unverschämtes Glück« haben und wieder andere von einer Pechsträhne in die nächste stolpern – warum sich also das Leben mancher Menschen im Hinblick auf den Wechsel von Glücks- und Unglückserfahrungen »durchwachsen« gestaltet, anderen aber (um nochmals einen alten Spruch zu zitieren) häufig »der Ochs kälbert«, und wieder andere (um dessen

Pendant zu bemühen) »auf ebener Erde das Bein brechen«.

Was also macht die »Goldmarie« zur Goldmarie und die »Pechmarie« zur Pechmarie? Auf der Suche nach einer Antwort auf diese Frage braucht man letztlich nicht mehr zwischen Menschen zu unterscheiden, denen äußere Umstände Glücks- oder Pechsträhnen bescheren, und solchen, die mit den Gegebenheiten ihres Lebens ganz unabhängig davon zurecht- oder eben nicht zurechtzukommen vermögen, ob sie aus dem Füllhorn der Fortuna oder der Büchse der Pandora bedacht wurden. Ins Blickfeld rücken bei dieser Suche sowohl näherliegende »diesseitige« als auch fernerliegende »jenseitige« Erklärungshypothesen. Immerhin eröffnet sich wenigstens *eine* leicht nachvollziehbare Deutungsperspektive, in der sich diesseitige und jenseitige Erklärungshypothesen überschneiden. Für einen Großteil der von den jeweils Betroffenen als Glück oder Unglück wahrgenommenen Entwicklungen und Ereignisse ist das mehr oder weniger vernünftige oder gar völlig unvernünftige Verhalten der »Beglückten« oder eben »Verunglückten« verantwortlich. Wer sich betrunken ans Steuer seines Wagens setzt, braucht sich nicht zu wundern, wenn er bald an einem Baumstamm und im Krankenhaus landet. Wer Verbrechen begeht, hat gute Chancen, dies hinter Gittern bereuen zu können. Wer seiner Mitwelt fair und freundlich begegnet, kann in aller Regel diesen Verhaltensweisen entsprechende Reaktionen erwarten. Wie man nämlich »in den Wald hineinruft, schallt es auch wieder heraus«, konnten wir schon früh erfahren. Insofern entspricht vernünftiges Verhalten auch dem Erwartungshorizont herkömmlicher Moralvorstellungen. Wenn wir die alte Weisheit hören, dass »der Segen der Väter den Kindern Häuser« baue, so mag man mit dieser wahrhaft erbaulichen Kunde die Vorstellung verknüpfen, dass ein von seinen Kindern mehr oder minder liebevoll respektierter Vater für diese auch sorgen wird und, umgekehrt, Kinder ihren treusorgenden Vater im Zweifel auch mehr oder minder liebevoll respektieren werden. Auch hier also eine leicht nachvollziehbare Entsprechung von rationaler und moralischer Korrelation, deren Verwirklichung von beiden Seiten als Glück empfunden werden mag.

Schwieriger wird die Deutung dort, wo die eindeutig »diesseitige« Verhaltensempfehlung eine zwar verhaltene, aber doch nicht minder eindeutige »jenseitige« Sanktion erfährt. Eine solche wird bei einer der gleichen Thematik zugehörenden biblischen Mahnung erkennbar: »Du sollst Vater und Mutter ehren«, lautet eines der mosaischen Gebote, »auf dass du lange lebest auf Erden.« Die hier in Aussicht gestellte Folge eines kindlichen pietätvollen Verhaltens lässt sich nicht mehr in einen direktem, rationalem Kalkül zugänglichen Verursachungszusammenhang mit dem geforderten Verhalten bringen – es sei denn, man könne ohne Weiteres voraussetzen, dass Menschen, die ihre Eltern ohne schwerwiegenden Grund kontinuierlich missachten, von den Erinnyen ihres Gewissens ständig verfolgt, in eine Verdüsterung der Seele und schließlich in einen frühen Tod getrieben werden. Für derartige Zusammenhänge mag es vereinzelte Indizien geben; sie mit hinreichender empirischer Folgerichtigkeit zu belegen, dürfte jedenfalls schwieriger sein, als sie (zumindest im Hinblick auf die Lebensdauer) an bekannten Beispielen zu widerlegen.

Wie immer es sich damit auch im Einzelnen verhalten mag – unverkennbar ist jedenfalls, dass bei solchen, auf die Stabilisierung diesseitiger sozialer Ordnungsmuster zielenden Verheißungen auf (und an) die Wirkmacht jenseitiger, aber ins Diesseits hineinwirkender Himmelsmächte spekuliert (und appelliert) wird. Zweifellos entspricht dies uralten, sich in zahllosen kulturellen Zeugnissen spiegelnden Vorstellungen. Nicht nur im Alten Testament, das für die abrahamitischen Religionen – das heißt also Judaismus, Christentum und Islam – eine bedeutsame Referenzquelle darstellt, sondern auch in vielen Heiligen Büchern anderer Religionen werden irdische Heilsversprechen oder Unheilsdrohungen an das Wohlverhalten der Sterblichen geknüpft, womit diesseitige Ordnungs- und Gerechtigkeitshoffnungen eine mehr oder weniger wirkmächtige jenseitige Verankerung erfahren. Eine spirituelle Korrelation dies, der auch die zwar nicht spannungsfreie, über die Jahrtausende hin aber doch recht beständige Symbiose von geistlichen und weltlichen Autoritäts- und Herrschaftssystemen entspricht. In manchen Ländern Europas hat diese Symbiose selbst lang anhaltende Perioden der Aufklärung überdauert, was in Deutschland nicht zuletzt in der staatlichen Erhebung einer »Kirchensteuer« und der staatlichen Besoldung der Bischöfe zum Ausdruck kommt.

Die Verknüpfung von diesseitigem, als »Glück« wahrnehmbarem Wohlbefinden mit nicht nur vernunftgemäßem, sondern (nach menschlichen Vorstellungen) zugleich auch jenseitskonformem Verhalten hat im Laufe der Menschheitsgeschichte sehr unterschiedliche religiöse Ausprägungen erfahren. Wo die Überzeugung vorherrscht, dass die – mit positivem oder negativem Vorzeichen versehene – »Quittung« für menschliches Wohl- oder Fehlverhalten von einer als unmittelbar in das diesseitige Geschehen eingreifenden Gottheit ausgestellt wird, bleibt insoweit wenig zusätzlicher Erklärungsbedarf, als es dieser Gottheit dann freisteht, auf menschliches Verhalten schon im Diesseits oder auch erst im Jenseits zu reagieren. Für beide Reaktionsmöglichkeiten lassen sich in der Vor- und Darstellungswelt der drei abrahamitischen Religionen Beispiele anführen. Und auf beide lässt sich auch die althergebrachte Überzeugung beziehen, dass »Gottes Mühlen« langsam mahlen, »aber trefflich fein«.

Zusätzlicher Erklärungsbedarf freilich bleibt dort, wo nur ein *Hoc-post Hoc,* ein unterstellter Zusammenhang von Ursache und Folgewirkung, benannt wird, nicht aber eine menschliches Wohl- und Fehlverhalten sanktionierende Instanz. In dem berühmten (Kern-)Satz des an der Wende vom 6. zum 5. vorchristlichen Jahrhundert lebenden und lehrenden Naturphilosophen und Thales-Schülers Anaximander präsentiert sich diese Dialektik in kosmologischem Gewande. Als Urprinzip bezeichnet er eine »unbegrenzte Natur, aus der alle Himmel und die in ihnen enthaltenen Ordnungen hervorgehen«. Und weiter: »Woraus die seienden Dinge entstehen, dorthinein vergehen sie auch mit Notwendigkeit. Denn sie zahlen einander Strafe und Entschädigung für ihre Ungerechtigkeit nach der Ordnung der Zeit.«[39] Obwohl in dem von Theophrastus überlieferten Fragment davon nicht die Rede ist, müsste stimmigerweise wohl auch von einem den »seienden Dingen« nach der

Ordnung der Zeit Lohn und Vergeltung für ihre Gerechtigkeit verheißenden Pendant ausgegangen werden. Ob der »Satz des Anaximander«[40] wirklich nur eine kosmologische Dialektik zum Ausdruck bringen will oder ob es sich im Sinne der Entsprechungslogik des Hermes Trismegistos (»Wie oben, so unten; wie innen, so außen«) auch auf eine normative Dialektik von diesseitiger Aktion und jenseitiger Reaktion beziehen lässt, muss offen bleiben. Und offen bleiben muss auch die Frage, wie die von Anaximander ins Blickfeld gerückte »Ordnung der Zeit« zu deuten ist. Könnte sie sich auch auf eine Abfolge menschlicher Inkarnationen beziehen? Auszuschließen ist auch dies keineswegs. Im Lichte solcher Deutungsoptionen könnten diesseitige Glücks- oder Unglückserfahrungen auch als Resultat eines karmischen Kontenausgleichs betrachtet werden, bei dem die Aktiva der in früheren Leben erworbenen Verdienste mit den Passiva der in früheren Leben begangenen Vergehen wider die himmlische Weltordnung verrechnet werden. Mit anderen Worten: Ob die Sterblichen in ihren jeweiligen Inkarnationen eine hinreichend tragfähige Glückserwartung haben, könnte aus dieser Sicht davon abhängen, ob ihre in früheren Inkarnationen bewiesene »Gerechtigkeit« einen solchen Ausgleich rechtfertigt. Selbst (wie auch immer beschaffene) frühere »Ungerechtigkeit« freilich, die sich nun als Unglückserfahrung auszahlt, könnte unter solchen Blickwinkeln nicht nur als »Sühne und Vergeltung«, sondern im Blick auf einen hypothetischen Entwicklungsweg zugleich auch als Läuterungschance verstanden werden.

Bei all diesen Hypothesen bewegt man sich auf hochspekulativem Gelände, da sie sich empirisch und rational weder verifizieren noch falsifizieren lassen. Im Gegensatz zu Freigeistern auf sicherem Grund fühlen können sich nur von des Gedankens Blässe unangekränkelte, fest in Glaubenssystemen wie dem Christentum oder dem Islam Verankerte, deren dualistischer Jenseitsblick auf Himmel und Hölle ohnedies voraussetzt, dass der diesseitige Handel und Wandel des Menschen eine ihr entsprechende jenseitige Antwort findet. Dass nach Jahrhunderten eines andauernden Aufklärungs- und Säkularisierungsprozesses diese Glaubensvorstellungen zumindest im zivilisatorischen Einflussbereich des vormals »christlichen Abendlandes« zunehmend schwinden, spricht weder für noch gegen diese Sichtweise, entzieht ihr lediglich ihr kulturelles Monopol in den Weltgegenden, in denen es lange Gültigkeit hatte.

Unverkennbar ist jedenfalls, dass die Vorstelllung einer auch die Grenze von Leben und Tod überschreitenden ausgleichenden Gerechtigkeit in den Tiefen des menschlichen Bewusstseins gründet und in der überwiegenden Mehrzahl aller bisherigen Menschheitskulturen auf diese oder jene Weise Ausdruck gefunden hat. Dass sie letztlich in dem kosmologischen Wissen um das vielgestaltige Spiel der Gegensätze und Entsprechungen ihren Urgrund haben mag, ist nicht nur denkbar, sondern sogar wahrscheinlich, ändert aber nichts an ihrer nachhaltigen Plausibilität.

Lässt man einer derartigen Hypothetik im eigenen Bewusstsein Raum, so könnte sowohl die Fähigkeit, diesseitiges Glück überhaupt empfinden zu können, als auch die Gnade, diesseitiges Glück erfahren zu dürfen, als »verdientes Glück« verstanden werden. Und dies selbst dann, wenn es bei einer auffälligen Häufung von Glücksfällen im Leben einer Person von Dritten als »unverschämtes« Glück empfunden werden mag. Während in den Frühzeiten des Christentums der Reinkarnationsglaube und alle mit ihm assoziierten Vorstellungen auch unter den Anhängern dieser neuen Religion noch weitverbreitet waren (und erst unter dem Einfluss des byzantinischen Kaisers Justinian 543 n. Chr. auf der Kirchenversammlung von Konstantinopel endgültig verworfen wurde), erwarten gläubige Christen seither sowohl Buße als auch Lohn für ihre irdischen Taten beim »Jüngsten Gericht«, wo der Wiedergekehrte richten wird »die Lebenden und die Toten«, wie es im christlichen Glaubensbekenntnis heißt. Die Glücksfrage wird dann endgültig geklärt. Ewiges Glück erfahren werden dann aus dieser Sicht die Auserwählten, die im Paradies die Gottheit(en) von Angesicht zu Angesicht schauen werden. Ewiges Unglück erfahren werden die Verworfenen, die »gewogen und zu leicht befunden« wurden, deren diesseitige Verhaltensweisen so verderbt waren, dass sie auch durch das läuternde »Fegefeuer« nicht abgegolten werden können. Vorstellungen dies, die sich mit einigen Variationen auch im islamischen Glaubenssystem wiederfinden. Unter dem sich in den westlichen Gesellschaften seit der zweiten Hälfte des 20. Jahrhunderts in immer stärkerem Maße bemerkbar machenden Buddhismus kehren allerdings auch die erwähnten vorchristlichen Glaubensvorstellungen wieder in das sich dem Zugriff der christlichen Dogmatik in wachsendem Maße entziehende Denken des Abendlandes zurück.

Ein zumindest vordergründig alternatives Erklärungssystem für die sehr ungleich verteilten spirituellen und materiellen Glücksgüter unter den Menschen bietet die Astrologie. Folgt man deren Erkenntnissen, so sind es die jeweiligen Geburtskonstellationen der Menschen, die im Zusammenspiel mit den jeweiligen Bewegungen der Gestirne entscheidenden Einfluss auf die Glücksfähigkeit und die Glückserfahrung der Menschen ausüben. Ein Bezugs- und Deutungssystem dies, das in fast allen Kulturen in unterschiedlichen Ausformungen das Denken zahlloser Menschen prägt. Die

Vorstellung, dass unser Leben und damit auch die Chance, Glück zu erfahren, beziehungsweise das Risiko, Unglück zu erfahren, wesentlich von »unseren Sternen« abhängt, kann jedoch schwerlich als völlig alternatives Erklärungssystem betrachtet werden. Ebenso nämlich wie als genetisch bedingt oder als Sozialisationsfolge deutbare Glücks- oder Unglückserfahrungen ließen sich auch astrologische Begnadungen durch günstige und astrologische Belastungen durch ungünstige Geburts- und Begleitkonstellationen letztendlich als Auswirkungen jener normativen Dialektik erklären, die möglicherweise auch im zitierten Satz des Anaximander mit gemeint waren und auch in vielen Religionssystem – wenn auch unterschiedliche, aber doch in der Kernaussage vergleichbare – Ausformungen erfahren haben.

Epilog: Un-ermessliches Glück? oder: Wo leben die glücklichsten Menschen?

Nach all dem vorab Gesagten klingt schon die Fragestellung eher befremdlich: Wenn es sich beim Glücksempfinden tatsächlich um eine höchstpersönliche Begabung handeln sollte, wie dies vor allem die im dritten Abschnitt dieses Buchs *Vom großen und vom kleinen Glück* angestellten Überlegungen nahelegen, so ließe sich diese Befindlichkeit schwerlich auf einer breiten demografischen und regionalen Basis empirisch ermitteln. Und dies schon gar nicht durch Einholung von Selbstauskünften, da es zu den Gemeinplätzen der Demoskopie gehört, dass auf solche Selbstauskünfte nur bedingt Verlass ist. Bei dem Versuch einer Antwort auf die Titelfrage geht es freilich auch den Demoskopen, streng genommen, nicht um die Ermittlung subjektiver Befindlichkeiten, sondern vielmehr um die Unterstellung mutmaßlicher Gefühlslagen aufgrund einer synoptischen Evaluation empirischer Daten.

Den Startschuss zu empirischen Annäherungen an die Glücksfrage hatte der schon früher erwähnte ehemalige König Jigme Singye Wangchuck von Bhutan, einem der aus entwicklungspolitischer Sicht des Westens rückständigsten Länder der Erde, gegeben. In dem – sehr plausiblen – Versuch, aus der (zumindest vermeintlichen) Not eine Tugend zu machen, erklärte er schon in den 70er-Jahren des letzten Jahrhunderts statt der Steigerung des Bruttosozialproduktes die Steigerung des Bruttonationalglücks zum Hauptziel seiner Politik – ein Politikziel, dass dann im Jahre 2008 unter der Regierung seines Nachfolgers als offizielles Staatsziel in die Verfassung von Bhutan aufgenommen wurde. Mit diesem Fanal hatte sich das am Rande der modernen Welt befindliche, im Norden von den höchsten Bergen der Erde begrenzte und im Süden durch dichten Dschungel von seinem Nachbar Indien abgeschirmte Land, dessen Grundfläche in etwa der der Schweiz entspricht, spirituell in den Mittelpunkt der zivilisierten Welt katapultiert. Zu einer Zeit, in der eine unaufhaltsam fortschreitende, in erster Linie auf Wirtschaftswachstum und steigenden materiellen Wohlstand ausgerichtete Globalisierungsdynamik bei zahllosen Menschen eine große innere Leere entstehen ließ, traf die Proklamation eines Staatszieles, dem auch der Ziehvater der Politikwissenschaft, Aristoteles, hätte freudig zustimmen können, den Nerv der Zeit. Kaum verwunderlich ist daher auch, dass dieser Impuls aus dem Fernen Osten auch bei den Vereinten Nationen ein positives Echo fand. In der Resolution Nr. 65/309 empfahl die Generalversammlung im Juli 2011 eine ganzheitliche Deutung des Begriffs der Entwicklung(-spolitik) und forderte die Mitgliedsstaaten auf, den derart interpretierten Glücksstatus ihrer Staatsangehörigen in regelmäßigen Abständen zu ermitteln, um so einen zuverlässigen Anhaltspunkt für eine gemeinwohlorientierte Politik zu gewinnen. Bereits ein Jahr danach kam es unter dem Vorsitz des damaligen Generalsekretärs der Vereinten Nationen Ban Ki Moon zu einem »UN High Level Meeting«, das den bezeichnenden Titel trug: »Wellbeing and Happiness. Defining a new Economic Paradigm«

(Wohlergehen und Glück. Definition neuer wirtschaftlicher Paradigmen). Zur Vorbereitung dieser Zusammenkunft wurde am 1. April 2012 der erste (von John F. Hellwell, Richard Layard und Jeffrey Sachs herausgegebene und vom *Sustainable Development Solutions Network* der Vereinten Nationen publizierte) *World Happiness Report (Weltglücksbericht)* vorgelegt. Dieser – in Kooperation mit der OECD erarbeitete, auf Daten des Gallup-Instituts basierende Bericht war der erste einer sich bis zum jüngsten Bericht vom März 2018 erstreckenden Reihe jährlicher Wohlfahrtsbefunde in 156 Ländern der Erde. Allerdings handelt es sich dabei um Erhebungen, die nur insoweit eine subjektive Befindlichkeit der in den einzelnen Ländern der Erde lebenden Menschen vermuten lassen, als die Befragten die Wertigkeit einzelner, von den Herausgebern des *World Happiness Reports* ausgewählter, mutmaßlicher Glücksfaktoren für ihr eigenes Land benoten. Zu diesen Faktoren gehören unter anderem die Höhe des Durchschnittseinkommens im Verhältnis zu den Lebenshaltungskosten, das Ausmaß der persönlichen Entscheidungsfreiräume, die Bildungs- und Berufschancen, die Qualität der Gesundheits- und Sozialfürsorge im Notfall, die Lebenserwartung, der Umgang mit etwaigen Migrationsproblemen etc. Aus der subjektiven Bewertung dieser Kriterien durch eine repräsentative Auswahl der Bewohner des jeweiligen Landes ergibt sich dann für die Herausgeber des Berichtes die – dem Ergebnis der Befragungen entsprechend – jährlich neu ausgerichtete Rangliste der 156 Staaten, in denen diese Erhebungen durchgeführt werden. Die Spitzenplätze auf dieser Liste nahmen bislang stets die skandinavischen Länder ein, gefolgt von einigen mitteleuropäischen Ländern, wobei die Schweiz und Österreich regelmäßig vor Deutschland liegen, das seit 2017 auf Platz 15 stagniert. Gut schneiden auch Kanada, Australien und Neuseeland ab, während die USA, Brasilien und Chile Mittelplätze belegen und die Mehrzahl der afrikanischen Länder unterhalb des Äquators sowie Indien die unteren Ränge einnehmen. Ein nicht uninteressantes Detail dieser empirischen Erhebungen ist die Feststellung, dass Immigranten in den betreffenden Ländern schon bald ähnliche Bewertungen der einzelnen Kriterien abgeben wie die einheimische Bevölkerung, was manche Medien zu dem plakativen Kommentar animierte, dass »Glück ansteckend« sei. Die Ursache dieses Phänomens dürfte freilich schlichtweg darin zu finden sein, dass Immigranten in der Regel aus Ländern mit niedrigerem Lebensstandard in solche mit höherem Lebensstandard streben und dann – wenn vielleicht zunächst auch noch mit mehr oder minder deutlichen Abstrichen – am Niveau der für das jeweilige Immigrationsland üblichen Daseinsvorsorge partizipieren.

Dass Erhebungen dieser Art eine gewisse Aussagekraft zukommt, weil sie sich an den Lebensgütern orientieren, die gemeinhin als erstrebenswert betrachtet werden, ist unabweisbar. Dennoch spiegeln sie nur sehr bedingt die individuelle Befindlichkeit der Befragten. Zum einen nämlich hängen die Antworten nicht zuletzt von der Art der Fragestellung ab und zum anderen von der mentalen Grundbefindlichkeit und Augenblicksstimmung, aus der heraus sie erteilt werden. Stolz, Scham, Scheu, Vorsicht und ähnliche Gefühlslagen können das Ergebnis solcher Erhebungen wesentlich beeinflussen.

Denkbar ist auch, dass Menschen, die ein gutes beziehungsweise schlechtes Urteil über die Wertigkeit oder Zugänglichkeit der im *World Happiness Report* genannten Lebensgüter in ihrem eigenen Land abgeben, denen es also mutmaßlich gut oder schlecht gehen müsste, dennoch unglücklich beziehungsweise glücklich sind, weil diese tendenziell »objektive« Befindlichkeit (aus welchem Grunde auch immer) keinen entscheidenden Einfluss auf ihre subjektive seelische Gefühlslage hat. Tatsache ist etwa, dass Länder wie Finnland (das im Glücksbericht des Jahres 2018 den Spitzenplatz einnahm) und Österreich (das unter 156 in die Erhebungen einbezogenen Ländern immerhin den 12. Rang einnahm) traditionellerweise hohe Selbstmordraten aufweisen. Andererseits sprechen viele Indizien dafür, dass Bewohnern etlicher Länder mit vergleichsweise niedrigem Lebensstandard und eher problematischen politischen Rahmenbedingungen ein tendenziell hohes Maß an individueller und kollektiver Zufriedenheit eignet.

Mit anderen Worten: Die seit einigen Jahren unter der Schirmherrschaft der Vereinten Nationen vorgenommene Bewertung empirisch erhobener Wohlfahrtsdaten zur Bestimmung einer (inter-) nationalen Glücksrangliste mag einen Indikator für eine Art von Durchschnitts-Befindlichkeit der Befragten abgeben – mehr aber auch nicht. Die individuelle Befindlichkeit kann mehr oder weniger stark von der eigenen Einschätzung des Niveaus der in dem jeweiligen Land vorfindbaren Wohlfahrts-Faktoren abweichen. Dieses kann, braucht aber nicht die subjektive Befindlichkeit zu spiegeln. Die Komplexität der menschlichen Natur schafft sich ihr eigenes, ganzheitlich gebildetes und zugeschnittenes mentales Wahrnehmungsfeld, innerhalb dessen die üblichen Evaluations-Topoi (das heißt also wörtlich: Bewertungs-Gemeinplätze) bei dem einen eine herausragende, bei dem nächsten eine völlig untergeordnete Rolle spielen können. Bestenfalls bilden diese einen groben, nach sozioökonomischen, soziokulturellen und soziopolitischen Kriterien formierten Rahmen, innerhalb dessen sich die höchstpersönliche Fixierung »großer« Glücksziele, die individuelle Wahrnehmung »kleiner« Glücksmomente oder auch die Erreichung eines tendenziell dauerhaften

Zustands »ganz großen Glückes« ansteuern lässt. Und dabei ist keineswegs auszuschließen, dass so manche Bewohner Burundis, das im *World Happiness Report* des Jahres 2018 den letzten Rang belegte, sich – trotz vergleichbarem Stand- und Wirkort in der jeweiligen nationalen Sozialpyramide – im Großen und Ganzen viel glücklicher fühlen als viele Finnen, deren Land im selben Bericht den Spitzenplatz einnahm. Die Protagonisten einer engagierten transnationalen Friedens- und Entwicklungspolitik sollten sich jedoch von solchen Einsichten keineswegs davon abhalten lassen, um den segensreichen Abbau allzu krasser Wohlfahrts-Disparitäten bemüht zu sein. Den Bedingungen von Glücks- und Unglückswahrnehmung Nachsinnende freilich können nicht umhin, solche Phänomene zur Kenntnis zu nehmen.

Empirisch lässt sich dem Glück mithin nur sehr schwer oder auch gar nicht beikommen. »Überall ist Wunderland«, heißt es bei Joachim Ringelnatz (1883–1934) in ganz anderem, skurrilem Zusammenhang.[41] Die vorstellbaren Horizonte dieses Wunderlandes und die möglicherweise aus ihnen ablesbaren und ableitbaren Wahrnehmungen und Erfahrungen von Glücksmomenten und Glückszuständen wurden im vorigen Abschnitt dieses kleinen Glücksbreviers ins Blickfeld gerückt. Nach all dem Gesagten bleibt es dabei: Unser aller Glück ist (im eigentlichen Sinne des Wortes) *un-ermesslich*. Und dies sowohl im Hinblick auf unsere höchstpersönliche Glücksfähigkeit als auch im Hinblick auf unsere tatsächliche Glückserfahrung. Erjagen lässt sich das Glück nicht, eher schon erahnen. Man kann warten, ob es einem in den Schoß fällt. Größer allerdings sind unsere Chancen, ihm näherzukommen, wenn wir uns darum bemühen, es als höchstpersönliches geistig-seelisches Kunstwerk in ähnlicher Weise aus den Wechselfällen unserer Daseinserfahrung herauszukristallisieren, wie dies der Bildende Künstler und der Wortkünstler mit seinen Schöpfungen macht. Geschieht dies mit großer Bedacht- und Behutsamkeit, betrachtet man das Glück tatsächlich als »Vogerl« (wie es in Österreich heißt), das sich höchstens mit sanfter Gestik und Gebärde herbeilocken lässt, so öffnet und schließt sich der Reigen vom kleinen über das große bis hin zum ganz großen Glück.

Anmerkungen

1 Vgl. hierzu Karl Spiesberger, *Magneten des Glücks. Magie der Amulette, Talismane und Edelsteine,* Berlin 1971. Vgl. auch Bernd Mayerhofer, Glück: Der Menschheitstraum: Göttergeschenk, Zufall oder ein Talent?, Mannheim 1999, S. 18 ff. und passim.

2 Vgl. Aristoteles, *Nikomachische Ethik,* Übersetzung und Nachwort von Franz Dirlmeier. Anmerkungen von Ernst A. Schmidt, Stuttgart 1969, Buch I, S. 15ff. Vgl. auch Ders. Politik (übersetzt und mit erklärenden Anmerkungen und Registern versehen von Eugen Rolfs), Hamburg 1958, S. 238f.

3 Vgl. Heinrich Christian Boie, *Ich war wohl klug, daß ich Dich fand. Briefwechsel mit Luise Mejer,* München 1999.

4 Vgl. Schillers *Werk in zwei Bänden,* München 1954, Bd. 1, S. 142.

5 Wilhelm Busch, »Ein jeder Wunsch, wenn er erfüllt, kriegt augenblicklich Junge«. In: *Schein und Sein. Historisch-kritische Gesamtausgabe,* hrsg. von Friedrich Bohne, 4 Bde., Wiesbaden/Berlin 1960, Bd. 4, S. 406.

6 Thomas Hobbes, *Leviathan oder Wesen, Form und Gewalt des Kirchlichen und Bürgerlichen Staates.* In der Übersetzung von Dorothee Tidow mit einem Essay »Zum Verständnis des Werkes«, einem bio-

grafischen Grundriss und einer Bibliografie herausgegeben von Peter Cornelius Mayer-Tasch, 3. Aufl., Stuttgart 2012 (Teil I, Kap. XI, S. 76).

7 Thomas Hobbes, *Naturrecht und allgemeines Staatsrecht in den Anfangsgründen*. Mit einer Einführung von Ferdinand Tönnies, Berlin 1926, Kap. IX, S. 77.

8 Vgl. in diesem Zusammenhang ausführlich Peter Cornelius Mayer-Tasch, *Mitte und Maß – Leitbild des Humanismus von den Ursprüngen bis zur Gegenwart,* Baden-Baden 2006.

9 Stefan George, »Der Mensch und der Drud«, in: Ders., *Das Neue Reich*. Düsseldorf/München 1964, S. 74.

10 Vgl. Schillers *Werk in zwei Bänden,* Bd.1, a. a. O., S. 105 ff.

11 Vgl. hierzu Hannes Kurth, *Lexikon der Traumsymbole,* 6. Aufl. München 1988 [Genf 1975 ff.].

12 Frankfurt 1974.

13 Vgl. Alfred Kerr, »Meiner Tochter Püppi«, in: *Gedichte,* Köln/Berlin 1955, S. 128.

14 Judith Kerr, *Als Hitler das rosa Kaninchen stahl,* Ravensburg 2008.

15 Ratschläge hierzu erteilt *Das kleine Buch der Ruhe und Gelassenheit* von Ashley Davis Bush, München 2017.

16 Vgl. zu diesem Themenkreis *Die unerschöpfliche Kraft des Einfachen,* hrsg. von Franz-Theo Gottwald, Bernd Malunat und Peter Cornelius Mayer-Tasch, Wiesbaden 2016.

17 Die Darstellung folgt hier Peter Cornelius Mayer-Tasch, *Mitte und Maß,* a. a. O., S. 36 ff.

18 So Johannes Mewaldt als Titel seiner Auswahl und Übersetzung von Schriften Epikurs (*Epikurianische Philosophie der Freude,* Stuttgart 1965).

19 Vgl. Epikur, *Briefe, Sprüche, Werkfragmente* [Griechisch-Deutsch], übersetzt und herausgegeben von Hans-Wolfgang Krautz, Stuttgart 1982, S. 128 ff., Abdruck genehmigt © 1982 Philipp Reclam jun. Verlag GmbH, Siemensstr. 32, 71254 Ditzingen.

20 Seneca, *Vom glückseligen Leben und andere Schriften.* Auswahl von Peter Jaenisch, Stuttgart 1965, Kap. 16, S. 79.

21 Epiktet, *Handbüchlein der Ethik,* übersetzt und mit Anmerkungen von Ernst Neitzke, Stuttgart 1980, Kap. 15, S. 24, Abdruck genehmigt © 1980 Philipp Reclam jun. Verlag GmbH, Siemensstr. 32, 71254 Ditzingen.

22 Boethius, *Trost der Philosophie [De Consolatione Philosophiae],* übersetzt und herausgegeben von Karl Büchner, mit einer Einleitung von Friedrich Klingner, Stuttgart 1980, S. 105.

23 Boethius, ebd., S. 146.

24 Der neue Appell des Dalai Lama an die Welt: *Seid Rebellen des Friedens,* Salzburg/München 2017, S. 43.

25 Vgl. hierzu: *Die Ringparabel und das Projekt Weltethos,* herausgegeben von Hans Künz, Karl-Josef Kuschel und Alois Riklin, Göttingen 2010.

26 Vgl. hierzu Mayer-Tasch, *Mitte und Maß,* a. a. O., S. 68 ff.

27 Vgl. hierzu a. a. O., S.70 ff.

28 Vgl. Meister Eckhart, *Vom Wunder der Seele. Eine Auswahl aus den Traktaten und Predigten,* hrsg. von Friedrich Alfred Schmidt Noerr und einer Einleitung von Johanna Lanczkowski, Stuttgart 1990, S. 51.

29 Vgl. Meister Eckhart, *Deutsche Predigten und Traktate,* herausgegeben und übersetzt von Josef Quint, 6. Aufl., Darmstadt 1985, S. 186.

30 Vgl. Seneca, *Vom glückseligen Leben,* a. a. O.

31 Vgl. Teresa von Avila, *Die innere Burg,* hrsg. und übersetzt von Fritz Vogelsang, Zürich 1979.

32 Vgl. in: Kurt Tucholsky, *Gedichte und Lieder. Gesammelte Schriften (1907–1933),* das Gedicht »Danach«.

33 Zu Spinozas Quasi-Gleichsetzung von Gott und Natur vgl. seinen theologisch-politischen Traktat, übertragen und eingeleitet nebst Anmerkungen und

Registern von Carl Gebhardt, Hamburg 1955, Kap. 4 (S. 77 ff.) und Kap. 6 (S. 110 ff.), Kap. 16 (S. 273 ff.) und passim.

34 In seinem Gedicht über das »Schenken« rät der Dichter seinem Leser:

»Schenke groß oder klein,
Aber immer gediegen.
Wenn die Bedachten
Die Gaben wiegen,
Sei dein Gewissen rein.

Schenke herzlich und frei.
Schenke dabei,
Was in dir wohnt
An Meinung, Geschmack und Humor,
So daß die eigene Freude zuvor
Dich reichlich belohnt.

Schenke mit Geist ohne List.
Sei eingedenk,
Daß dein Geschenk
Du selber bist.«

abgedruckt in: *Ringelnatz in kleiner Auswahl als Taschenbuch,* Berlin 1955, S. 58.

35 Vgl. Daniel Schreiber, *Zuhause. Die Suche nach dem Ort, an dem wir leben wollen,* Berlin 2017.

36 Laurent Gounelle, *Der Mann, der glücklich sein wollte.* Aus dem Französischen von Jochen Winter, München 2009, S. 178.

37 Vgl. hierzu Gerald Hüther, *Raus aus der Demenzfalle,* München 2017, passim, sowie: Alberto Villoldo/David Perlmutter, *Das erleuchtete Gehirn.* Aus dem Englischen von Andrea Panster, 2. Aufl., München 2011, S. 107 ff.

38 Vgl. hierzu ausführlich Christof Kessler, *Glücksgefühle. Wie Glück im Gehirn entsteht und andere erstaunliche Erkenntnisse der Hirnforschung,* München 2017, passim.

39 Vgl. Diels, Hermann/Kranz Walther (Hrsg.), *Die Fragmente der Vorsokratiker,* 3 Bde., 6. Verbesserte Auflage, Berlin 1951/2, Kap. 12, Fragmente A9 und B1.

40 Zum »Satz des Anaximander« vgl. auch Manuel Knoll, *Antike griechische Philosophie,* Bonn 2017, S. 42 ff.

41 Vgl. das Gedicht »Überall« in: *Ringelnatz in kleiner Auswahl als Taschenbuch,* Berlin 1955, S. 47.

Zu den Abbildungen

Die Abbildungen entstammen den 1834/5 entstandenen »Hundert Ansichten des Fuji« (Fugaku Hiakkei) des japanischen Großmeisters des (Farb-) Holzschnittes und Malers Katsushika Hokusai (1760–1849) – eine Serie, die er selbst als Höhepunkt seines Schaffens verstanden hat. Die im vorliegenden Buch gezeigten Blätter sind Wiedergaben eines feinen Abzuges der Ausgabe von 1875 aus der Privatsammlung des Autors. Sie spiegeln den Fuji zum Teil aus der Edo(heute: Tokio)-Perspektive und zum Teil aus der Edo abgewandten »Rückseite«.

Der Heilige Berg Japans steht hier als Chiffre für das Glück, das sich dem Glückssucher in den unterschiedlichsten Gestalten und Nachbarschaften offenbaren kann.

Abbildung Kapitel I
Ein Blick auf und über das Dach des Shogun-Palastes zu Kyoto: Im Blick so mancher Erdenbürger verschmilzt das Streben nach Macht mit dem Streben nach Glück.

Abbildung Kapitel II
Der Trinker: Dem Trinker mag sich sein »kleines Glück« in der Sake-Schale spiegeln ...

Abbildung Kapitel III
Der Heilige Berg als letztes Glücksziel: Wissenden Suchern erschließt sich das Ziel des Heiligen (Glücks-)Berges im Weg über viele Vorgebirge ...

Abbildung Kapitel IV
Der Dichter: Im steten Ringen um die bestmögliche Wahrnehmung und Wiedergabe der Schönheit(en) dieser Welt liegt das Glück des Dichters.